薛印胜·著

故纸藏珍

——期刊创刊号欣赏

中国书籍出版社
China Book Press

图书在版编目（CIP）数据

故纸藏珍：期刊创刊号欣赏 / 薛印胜著. -- 北京：中国书籍出版社，2018.12
ISBN 978-7-5068-7156-3

Ⅰ.①故… Ⅱ.①薛… Ⅲ.①期刊—汇编—中国—1940-1990 Ⅳ.①Z62

中国版本图书馆 CIP 数据核字(2018)第 275230 号

故纸藏珍：期刊创刊号欣赏
薛印胜 著

责任编辑	邹　浩
责任印制	孙马飞　马　芝
封面设计	刘墨迪
出版发行	中国书籍出版社
地　　址	北京市丰台区三路居路 97 号（邮编：100073）
电　　话	（010）52257143（总编室）　（010）52257140（发行部）
电子邮箱	eo@chinabp.com.cn
经　　销	全国新华书店
印　　厂	三河市顺兴印务有限公司
开　　本	710 毫米 × 1000 毫米　1/16
字　　数	218 千字
印　　张	19.5
版　　次	2019 年 1 月第 1 版　2019 年 1 月第 1 次印刷
书　　号	ISBN 978-7-5068-7156-3
定　　价	180.00 元

版权所有　翻版必究

序 言

故纸留香余味长

印胜兄新作《故纸藏珍——期刊创刊号欣赏》即将付梓出版,约我为该书做序,在他一再盛情邀请下,怀着忐忑心情应允了,权当此文作为对印胜兄的祝贺、对自己的勉励吧!

期刊创刊号是期刊诞生的总第一期,鲁迅先生曾将它比喻为"东方泛起的鱼肚白",也有人称之为"人生第一次啼哭",我更觉得期刊创刊号是期刊人的初心和期刊出版征途上的第一步,它代表着期刊的始点和前进的方向。

从办刊宗旨、内容风格、栏目设置,再到装帧设计、排版印刷,期刊创刊号的每个细节都经过充分的时间酝酿和精细打磨,所以期刊创刊号是期刊出版工作者集体智慧的结晶。期刊创刊号客观地反映了当时的时代背景和社会变迁,具有鲜明的时代特征,对后世有着重要的史料研究价值。

印胜兄和我相识多年,平时交往并不多,对于期刊创刊号的交流更少。没想到印胜兄收藏了我国20世纪40年代末至90年代创办的近600种期刊创刊号,按内容定位分为社会科学、理论类期刊,自然科学、科普类期刊,医药、健康类期刊,文学类期刊,艺术类期刊,体育、健身类期刊,文化、生活类期刊等,可谓藏品种类齐全而丰富。这50年间,我们国家发生了翻天覆地的变化,期刊与国家和民族同频共振,忠实地记录着社会的变迁,又对社会变迁的种种因素做出了一定程度的揭示。细心的读者通过阅读本书不难发现此期间我国政治、经济、科技、文化等诸多领域的发展脉络,也可以总结出我国期刊发展的基本轨迹。

收藏依靠的是学识,积累的是眼力,体验的是文化,提升的是品位,增长的是才智,收获的是快乐。藏而不研者俗,以藏悟心者雅,印胜兄将多年收藏的期刊创刊号深入系统地研究,从古旧期刊中汲取营养,一定对当前期刊出版工作大有裨益。

再次祝贺《故纸藏珍——期刊创刊号欣赏》出版。

是为序。

段艳文

(中国期刊协会《中国期刊年鉴》杂志社常务副社长、主编;中国收藏家协会书报刊收藏委员会委员)

2018年12月18日

目 录
Contents

■ **第一部分　社会科学、理论类期刊**……………………11

《学习》《新闻工作》《中华俄语月刊》《学习初级版》《语文学习》《高等教育通讯》《函授学习》《东北师范大学科学集刊(历史)》《拼音》《南洋问题资料译丛》《红旗》《工会工作通讯》《英语学习》《成都地质学院学报》《语文战线》《美术学报》《电影放映》《鲁迅研究资料》《中学理科教学》《学术研究》《社会科学战线》《现代英语研究》《世界历史》《新闻战线》《中国历史博物馆馆刊》《教育研究》《法学研究》《故宫博物院院刊》《中国史研究》《辞书研究》《语文学习》《中学语文教学》《民主与法制》《新时期》《语言教学与研究》《学术论坛》《图书情报工作》《清华校友通讯》《文史资料选辑》《文物天地》《文史知识》《中国广告》《电大语文》《英语世界》《西藏研究》《语言文学自修大学讲座》《教学研究》《电大经济学刊》《广东文博》《史前研究》《日语知识》《瞭望》《贵州劳动》《哲里木史志通讯》《乡镇经济手册》《中华新闻函授月刊》《英语文摘》《法制画报》《案与法》《军工史资料征集工作通讯》《群言》《贵州省博物馆馆刊》《日本》《函授通讯》《地名与文史》《沈阳文史研究》《心理学杂志》《中原文物•洛阳古墓博物馆馆刊》《牛津学子》《金盾》《新闻学苑》《黄埔》《上海道教》《汉字文化》《警世钟》《统一论坛》《军品采购研究》《民主与科学》《管理精英》《改革研究》《四野南下工作团团史文献资料选编》《薛涛与望江楼》《启明星》《贵州文博》《中国高校招生》《高三数理化》《新世纪领导者》《天网》《太平洋学报》《中国宗教》

■ 第二部分　自然科学、科普类期刊 ……………………57

《机械工人》《中国数学杂志》《数学进展》《学科学》《铁道工程》《大众地质》《科学大众》《建筑译丛·采暖通风和电气设备》《国外焊接》《港工航道技术》《稀有元素矿产地质译丛》《科学实验》《自然辩证法杂志》《建筑学报》《无线电技术》《环境保护》《自然科学争鸣》《治山治水》《金属热处理》《电子陶瓷技术》《光机工艺》《自然杂志》《兵器知识》《科学时代》《电子世界》《中国麻作》《百科知识》《知识就是力量》《科学天地》《地震科学研究》《上海力学》《卫生漫画》《科学与生活》《科学24小时》《国外机械工业》《镇远科技》《家用电器》《铁道知识》《科学与人》《知识与生活》《国外生活用品》《泥沙研究》《小学科技》《电子与生活》《机械制造》《科学大观园》《现代通信》《地球》《建筑知识》《现代服装》《照相机》《通风除尘》《生命》《西北轻工业学院学报》《魅力》《古建园林技术》《软件产业》《科技辅导员》《中国工程师》《科海趣闻录》《中国优生画刊》《新产品世界》《中国建设动态》《大众软件》《学电脑》《航空世界》

■ 第三部分　医药、健康类期刊 ……………………91

《国外医学动态》《针灸杂志》《赤脚医生杂志》《上海中医药杂志》《中医文摘》《中医教育》《抗衰老》《光明中医骨伤科杂志》《普外临床》《中医药图书情报工作》《河北中医学院学报》《医疗装备》《健康指南》

■ 第四部分　文学类期刊 ……………………99

《电影文学》《文艺红旗》《文学青年》《峨眉》《人民文学》《新文学史料》《十月》《收获》《科尔沁文学》《科学文艺》《长城》《清明》《当代》《这一代》《人物》《词刊》《苏联文学》《文学遗产》《当代外国文学》《星火燎原》《杜鹃》《小说选刊》《当代文学研究丛刊》《外国小说报》《儿童文学选刊》《青年作家》《小说界》《花城译作》《译海》《小

说林》《昆仑》《东方少年》《历史文学》《青年诗坛》《青春》《传记文学》《故事精选》《江城短篇小说》《神州传奇》《翻译文学选刊》《文学大选》《中国微型小说选刊》《传奇·传记文学选刊》《传奇故事》《名人传记》《当代诗歌》《水晶石》《人间》《世界传奇文学》《人间》《文学大观》《中国》《传奇选粹》《文艺奇观·惊险与传奇》《传奇文学选刊》《追求》《小说周报》《中国作家》《隐蔽战线》《连载小说选刊》《人世间》《现代人》《中外书摘》《警笛》《风情》《中国故事》《美人鱼》《当代诗词》《中国法制文学》《华人世界》《珠海》《东方纪事》《百越民风》《中国建设文苑》《海内外文学》《漓江》《四海——港台海外华文文学》《中流》《天涯》《爱我中华》《巨人》《大路文学》《大地》《中华文学选刊》《报告文学》

第五部分　艺术类期刊……………………………143

《歌词》《大众摄影》《戏剧战线》《美术资料》《美术》《人民电影》《舞蹈》《贵州美术通讯》《书法》《大众电影》《电影创作》《电影故事》《实用美术》《长征歌声》《世界美术》《艺术世界》《小戏丛刊》《戏剧艺术论丛》《美术译丛》《舞蹈论丛》《戏剧界》《电影画报》《浙江戏剧丛刊》《戏剧与电影》《新美术》《北京艺术》《电影新时代》《电影世界》《舞台美术与技术》《沧州戏剧》《音乐学丛刊》《银幕剧作》《光与影》《中外电影丛刊》《上影画报》《中国工艺美术》《美术之友》《八一电影》《中国电影年鉴（1981）》《电影文化》《书与画》《中国广播电视》《美学评林》《人像摄影》《湖北曲艺研究》《油画选刊》《现代摄影》《民间工艺》《银坛月报》《环球银幕画刊》《电影画刊》《国际银幕》《中外电视》《明星》《新闻摄影》《儿童美术》《中国剧视新潮流》《影视大观》《北影画报》《青年摄影》《工业美术新潮》《建筑画》《文艺人才》《建筑装饰》《美术向导》《当代电视》《影视》《民俗》《廊坊戏剧》《狮城群艺》《星光月刊》《当代学院艺术》《中国百老汇》《影视圈》《当代歌坛》《我爱摇滚乐》

■第六部分　体育、健身类期刊……………………………………183

《北方棋艺》《体育丛刊》《气功研究》《信鸽爱好者》《气功》《足球世界》《乒乓世界》《武林》《篮球》《中华武术》《柔道与摔跤》《中华气功》《水上春秋》《当代体育·国外体育明星》《功夫片》《武当》《北京象棋》《黄鹤鸽志》《当代体育》《棋友》《中州武术》《北戴河气功》《体育教师》《中国钓鱼》《桥牌》《围棋天地》《青年体育画报》《中国排球》《竞技与健美》《运动员天地》《中华信鸽》《体育画报》《气功通讯》《世界体育大观·健美专集》《拳击与格斗》《上海信鸽》《五环》《搏》

■第七部分　文化、生活类期刊……………………………………203

《世界知识》《文化与生活》《世界之窗》《旅游》《风采》《知识》《时装》《集邮》《旅游天地》《旅行家》《中国烹饪》《生活之友》《环球》《健康顾问》《夜读》《读者文摘》《奔腾》《东西南北》《老同志之友》《中国老年》《农村青年》《中国花卉盆景》《世界博览》《百事通》《花鸟世界》《女青年》《中国民兵》《三月风》《台港与海外文摘》《大陆·台湾》《嘉陵摩托车》《花卉》《笑》《知音》《中国服装》《时代文摘》《夕阳颂》《青年咨询》《中国大学生》《人生与伴侣》《今日大学生》《演讲与社交》《男子汉》《旅游时代》《燕都》《今日时装》《杂家》《收藏天地》《中外消费》《人口画刊》《现代交际》《逍遥游》《晚霞》《女友》《北京国际时装》《中外书刊文摘》《中国编织》《世界军事》《中国少年集邮》《生活月刊》《新大陆》《中国质量万里行》《中国服饰文化》《智囊》《青少年与社会研究》《消遣》《世纪》《时尚》《海外星云》《当代人生》《康乐世界》《人间指南》《大开放》《中华锦绣》《中国卡通》《希望月报》《名家》《成功》

■第八部分　天津期刊专辑……………………………………243

《新港》《海河说唱》《河北美术》《天津土工》《辅导通讯》《天津铸工》《天津无线电》《支部生活（农村版）》《天津通讯》《文艺革命通讯》《天津文艺》《天津团讯》《天津通用机械》《天津文史资料选辑》《文艺增刊》《天津师院学报》《红楼梦学刊》《迎春

花》《影剧美术》《科学与生活》《散文》《天津师专学报》《小说月报》《电影介绍》《天津演唱》《八小时以外》《少图工作》《接班人》《时代的报告》《文稿与资料》《文化译丛》《科学学与科学技术管理》《广播电视杂志》《天津航海》《工业美术》《美术之窗》《长寿》《俱乐部》《作品与争鸣》《天津剧作》《智慧树》《津门文讯》《津门文学论丛》《杂技与魔术》《剧坛》《天津社会科学》《故事画报》《天津中医学院学报》《国外机械》《大众花卉》《插图》《书画研究》《海河》《经营与管理》《小说家》《智力》《海河志通讯》《北郊创作》《物理学史丛刊》《艺术研究》《伦理学与精神文明》《天津医学情报》《天津大学（北洋大学）校友通讯》《天津中医》《华夏影视》《天津水利志通讯》《天津美院学报》《质量春秋》《蓝盾》《离子交换与吸附》《开拓与研究》《职工高教》《天津市政法管理干部学院校刊》《求医问药》《应用生理学杂志》《健康文摘》《天津史志》《人与法》《儿童小说》《天津园林》《犯罪心理研究》《民风》《文学自由谈》《茂林学刊》《启蒙》《天津文博》《彩色扩印与摄影》《少年书法》《天津成人教育》《针灸函授杂志》《天津市历史博物馆馆刊》《中国油画》《天津画报》《天津团声》《环渤海经济瞭望》《城市人》《城市》《艺术家》《新作家》《城市史研究》《北郊文史资料》《天津市河东区文史资料》《中国漫画》《影像技术》《天津画报》《天津卫》《民族魂》《体育古今》《天津烹饪》《和平教育》《天津船舶》《天津中学生》《绿苑》《中国旅游管理干部学院学报》《团结与民主》《女士》《国画家》《天津护理》《大众投资指南》《画林》《北方美术》《天津广播电视史料》《酒文化》《华人文化世界》《天津音乐研究》《曲艺讲坛》《天津档案史料》《健康人》《慈善》《汽车生活》

第一部分 社会科学、理论类期刊

《学习》(创刊号)

1949年9月创刊,月刊
16开44页,定价:2.00元
编辑者:学习杂志编辑委员会
出版者:三联书店

　　竖排。设"从头学起""问题商讨""学习经验"等栏目。

《新闻工作》(第1期)

1950年1月出版,半月刊
16开12页,定价:0.60元
出版者:人民日报社
发行者:新华书店

　　基本任务是总结新闻工作经验,研究和答复问题。不设栏目。

《中华俄语月刊》(创刊号)

1950年3月创刊,月刊
32开32页,定价:1.50元
编辑者:中华俄语月刊社
印行者:中华书局
上海市军管会报纸杂志通讯社临时登记证期字第79号

　　读者对象为初学俄语和已读过一年左右俄语的读者。不设栏目。

《学习初级版》(第1卷第1期)

1951年3月出版,半月刊
32开50页,定价:1400元(第一套人民币)
编辑出版者:学习杂志社
北京市军管会登记证新字第199号

　　竖排。设"问题解答""参考资料"等栏目。

《语文学习》(创刊号)

1951年10月创刊,刊期不详
32开70页,定价:2800元(第一套人民币)
编辑者:语文学习编辑委员会
出版者:开明书店

　　竖排。设"问题解答""学习测验"等栏目。

《高等教育通讯》(创刊号)

1953年5月创刊,不定期
16开38页,内部刊物
编辑者:中央人民政府高等教育部办公厅

　　竖排。不设栏目。

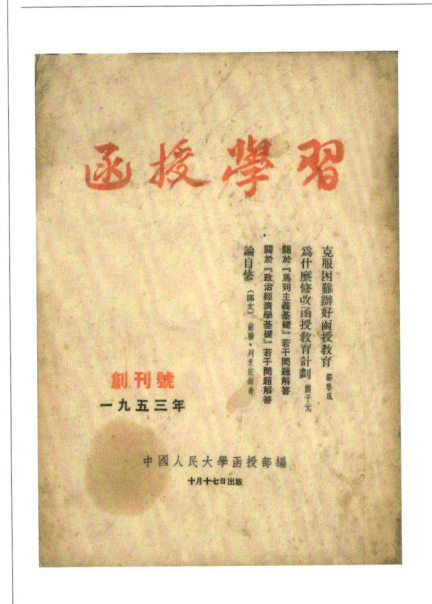

《函授学习》(创刊号)

1953年10月创刊,刊期不详
32开46页,内部刊物
编辑者:中国人民大学函授部

　　吴玉章题写贺词。内文竖排。设"问题""解答""名词解释"等栏目。

《东北师范大学科学集刊(历史)》
(第1期)

1956年3月出版,月刊
16开128页,定价:0.60元
编辑者:东北师范大学历史系学术委员会
出版者:东北师范大学

　　原《东北师范大学科学研究通报》。学术期刊。不设栏目。

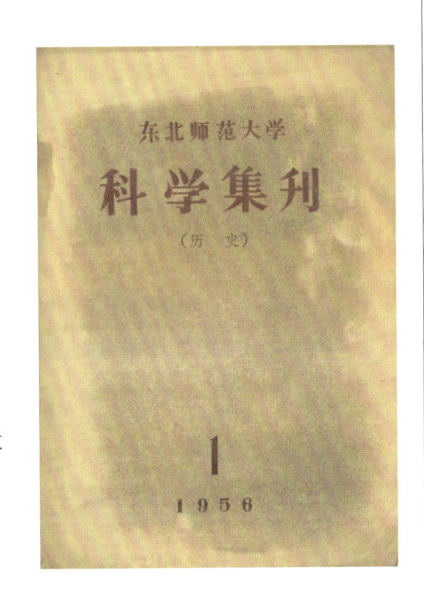

故纸藏珍——期刊创刊号欣赏

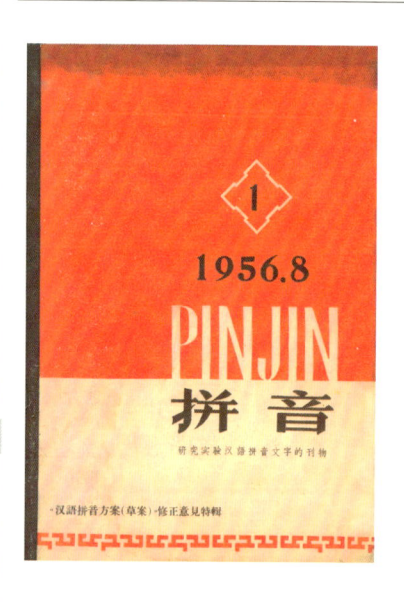

《拼音》(创刊号)

1956年8月创刊,月刊
16开48页,定价:0.24元
编辑者:拼音月刊社
出版者:文字改革出版社

  研究实验汉语拼音文字的期刊。设"方案讨论""专题研究""拼音文字史料""短论"等栏目。

《南洋问题资料译丛》(创刊号)

1957年1月创刊,季刊
16开116页,定价:0.80元
编辑者:厦门大学南洋研究所南洋问题资料
   译丛编辑委员会
出版者:厦门大学南洋研究所

  学术性期刊。设"论著""资料"等栏目。

— 16 —

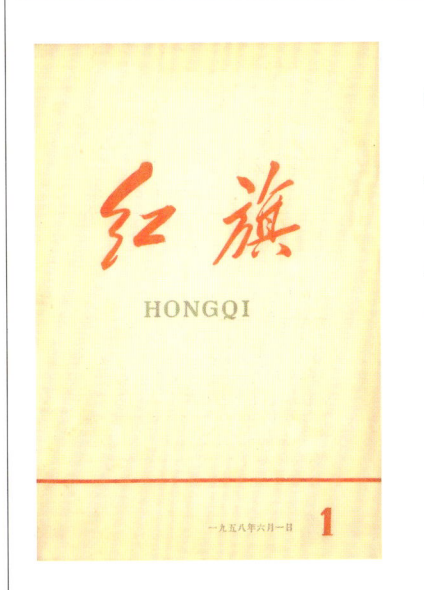

《红旗》(创刊号)

1958年6月创刊,半月刊
16开48页,定价:0.18元
编辑者:红旗杂志编辑委员会
出版者:红旗杂志社

理论刊物。不设栏目。

《工会工作通讯》(复刊号)

1958年8月出版,不定期
16开32页,内部刊物
编辑者:河北省总工会

原《河北工运通讯》。不设栏目。

故纸藏珍——期刊创刊号欣赏

《英语学习》(创刊号)

1958年10月创刊,月刊
32开32页,定价:0.16元
编辑者:英语学习编辑委员会
出版者:商务印书馆

英语期刊。不设栏目。

《成都地质学院学报》(创刊号)

1960年3月创刊,季刊
16开106页,定价:0.50元
编辑者:成都地质学院学报编辑委员会
出版者:成都地质学院

学术期刊。不设栏目。

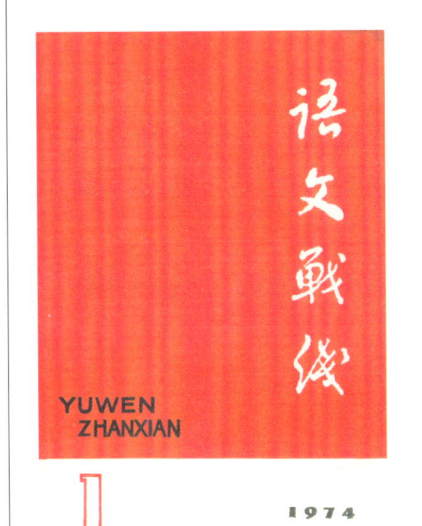

《语文战线》(创刊号)

1974年2月创刊,刊期不详
16开50页,内部刊物
编辑者:杭州大学中文系《语文战线》编辑室

　　语文教学辅导期刊。不设栏目。

《美术学报》(创刊号)

1974年9月创刊,双月刊
16开64页,定价:0.30元
编辑出版者:浙江美术学院《美术学报》
　　　　　编辑部

　　学术期刊。设"美术评论""创作经验"
"文艺批评"等栏目。

故纸藏珍——期刊创刊号欣赏

《电影放映》(第1期)

1976年出版,刊期不详
16开36页,内部刊物
编辑者:中国电影公司

原《情况简报》。不设栏目。

《鲁迅研究资料》(第1期)

1976年10月出版,刊期不详
32开312页,定价:0.90元
编辑者:鲁迅研究资料编辑部
出版者:文物出版社
统一书号:7068·537

为学习、研究鲁迅和鲁迅著作,以及为编写鲁迅年谱、鲁迅传提供资料。设"回忆录""访问记""资料选载"等栏目。

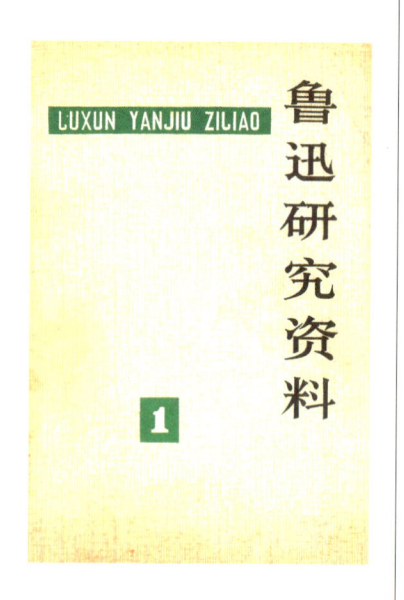

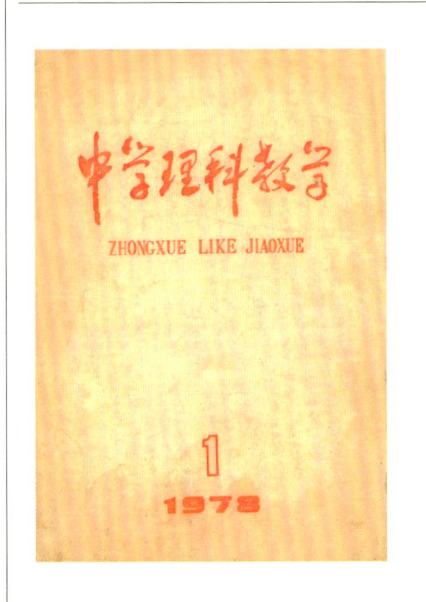

《中学理科教学》(创刊号)

1978年4月创刊,月刊
16开32页,定价:0.15元
编辑者:北京师范大学《中学理科教学》
　　　　编辑部
出版者:人民教育出版社

　　旨在帮助中学数、理、化教师提高业务水平,交流教学经验,提高教学质量。不设栏目。

《学术研究》(复刊号)

1978年5月出版,双月刊
16开140页,定价:0.50元
主办者:广东省社会科学界联合会
编辑者:学术研究编辑部
出版者:广东人民出版社

　　创刊于1958年1月。综合性学术期刊。不设栏目。

故纸藏珍——期刊创刊号欣赏

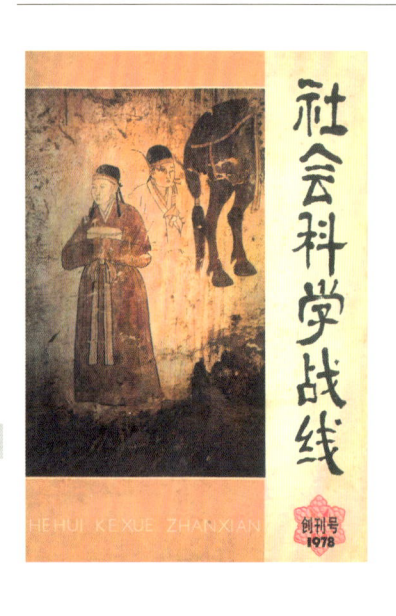

《社会科学战线》(创刊号)

1978年5月创刊,季刊
16开352页,定价:1.40元
主办者:吉林省哲学社会科学研究所
　　　　吉林省哲学社会科学学会联合会
编辑者:《社会科学战线》杂志编辑委员会
出版者:吉林人民出版社

　　综合性的社会科学学术理论期刊。设"哲学研究""经济学研究""法学研究""历史学研究""文艺学研究""语文学研究""图书学研究"等栏目。

《现代英语研究》(创刊号)

1978年10月创刊,刊期不详
16开96页,定价:0.50元
编辑者:复旦大学外文系《现代英语研究》
　　　　编辑部
出版者:上海译文出版社

　　苏步青撰写代发刊词。以研究当代英语为重点的学术性期刊。不设栏目。

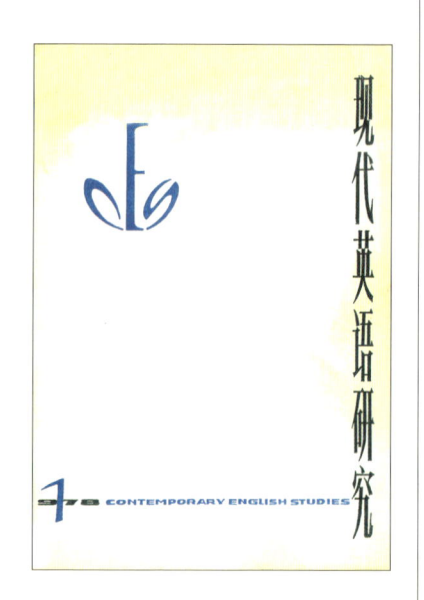

— 22 —

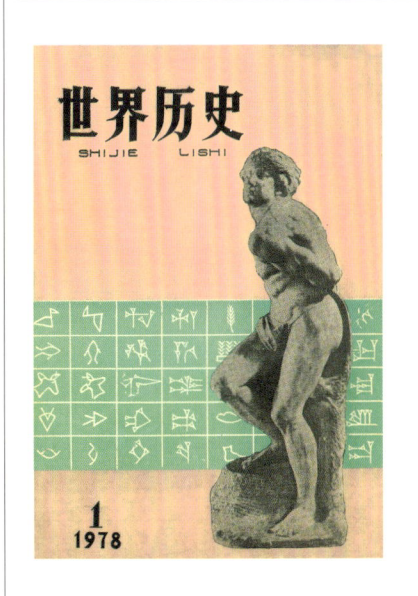

《世界历史》(试刊号)

1978年12月出版,双月刊
16开96页,定价:0.42元
编辑者:世界历史编辑部
出版者:中国社会科学出版社

　　学术性期刊。设"书评""国外史学动态""史料选译""世界史知识"等栏目。

《新闻战线》(复刊号)

1978年12月出版,双月刊
16开80页,定价:0.30元
编辑者:新闻战线编辑委员会
出版者:人民日报出版社

　　创刊于1957年12月,曾于1960年改名为《新闻业务》,1966年6月停刊。设"提倡短新闻""交流经验""读者评报""外国新闻动态"等栏目。

故纸藏珍——期刊创刊号欣赏

《中国历史博物馆馆刊》(创刊号)

1979 年创刊,半年刊
16 开 144 页,定价:1.35 元
编辑者:中国历史博物馆馆刊编委会
出版者:文物出版社
统一书号:7068·763

　　刊登有关中国历史、文物、考古和博物馆学的研究成果和资料。不设栏目。

《教育研究》(创刊号)

1979 年创刊,双月刊
16 开 96 页,定价:0.35 元
编辑者:中央教育科学研究所《教育研究》
　　　　编辑委员会
出版者:人民教育出版社

　　教育学术理论期刊。不设栏目。

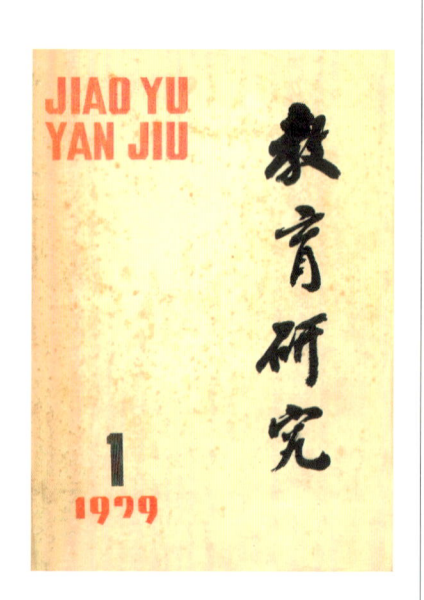

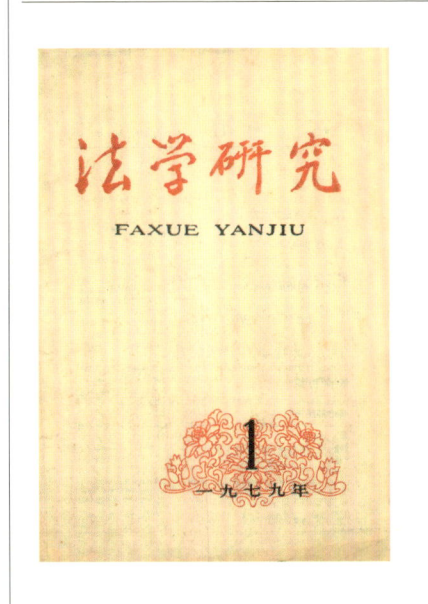

《法学研究》(创刊号)

1979年创刊,双月刊
16开48页,定价:0.28元
编辑者:法学研究编辑部
出版者:中国社会科学出版社

面向政法工作者、政法院系师生、法学研究工作者和理论工作者的学术性理论期刊。不设栏目。

《故宫博物院院刊》(复刊号,总第3期)

1979年2月出版,季刊
16开96页,定价:0.95元
编辑者:故宫博物院院刊编委会
出版者:文物出版社
书号:7068·708

创刊于1958年,1960年出版第2期。旨在促进学术研究,传播历史文化知识,提高整个中华民族的科学文化水平。不设栏目。

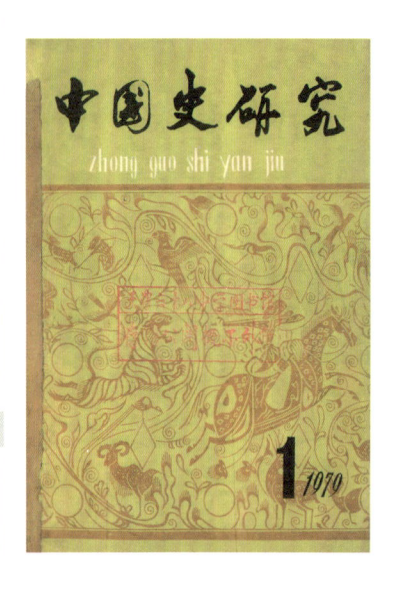

《中国史研究》(创刊号)

1979年3月创刊,季刊
16开160页,定价:0.85元
编辑者:中国社会科学院历史研究所
　　　　《中国史研究》编辑部
出版者:中国社会科学出版社

学术性理论期刊。不设栏目。

《辞书研究》(第一辑)

1979年4月出版,不定期
32开286页,定价:0.74元
编辑者:辞书研究编辑部
出版者:上海辞书出版社
书号:17187·26

　　郭绍虞题写刊名。1981年改为季刊,1982年改为双月刊。不设栏目。

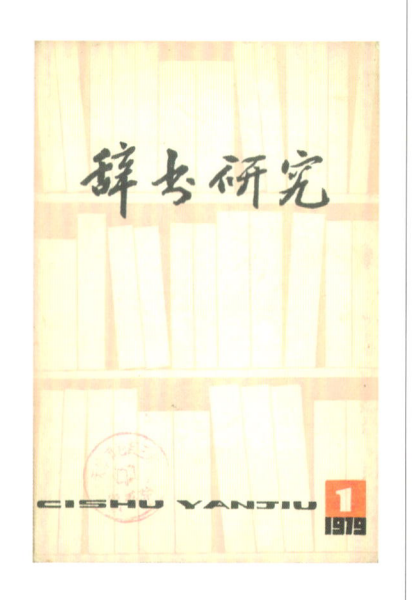

《语文学习》(总第1期)

1979年7月出版,月刊
16开64页,定价:0.30元
编辑者:《语文学习》编辑委员会
出版者:上海教育出版社

　　创刊于1977年10月,共出版8辑,从1979年7月改为月刊。介绍语文基础知识、研究中学语文教学的专业期刊。不设栏目。

《中学语文教学》(创刊号)

1979年7月创刊,月刊
16开32页,定价:0.16元
编辑者:《中学语文教学》编委会
出版者:人民教育出版社

　　叶圣陶题写刊名,吕叔湘、张志公撰文祝贺。不设栏目。

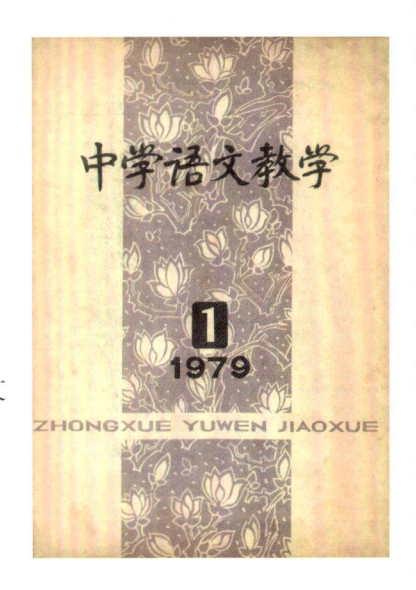

故纸藏珍——期刊创刊号欣赏

《民主与法制》(创刊号)

1979年8月创刊,月刊
16开64页,定价:0.35元
编辑者:民主与法制编辑部
出版者:上海市法学学会 华东政法学院

　　政治法律综合性期刊。设"大家议论""法律顾问"等栏目。

《新时期》(创刊号)

1979年9月创刊,刊期不详
16开64页,定价:0.30元
编辑出版者:北京出版社
书号:30710·324

　　政治理论综合性期刊。设"民主与法制""世界之窗""书刊评介"等栏目。

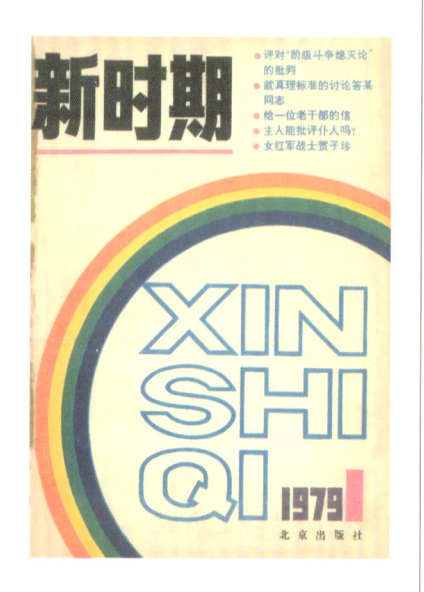

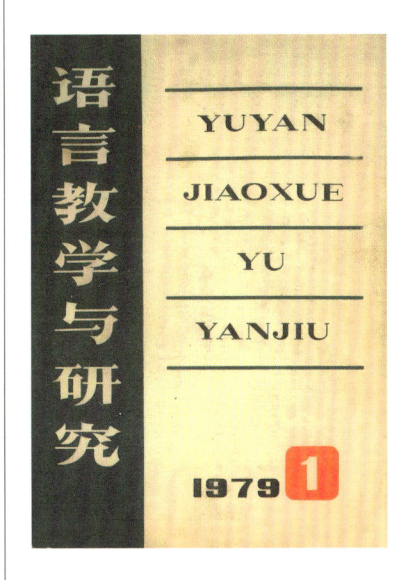

《语言教学与研究》(创刊号)

1979年9月创刊,季刊
32开160页,定价:0.50元
编辑者:北京语言学院《语言教学与研究》
　　　　编辑部

　　研究对外国人进行汉语教学的学术期刊。不设栏目。

《学术论坛》(创刊号)

1980年1月创刊,刊期不详
16开112页,内部刊物
主办者:广西社会科学院
编辑者:学术论坛编辑部

　　地方性社会科学学术期刊。设"历史学研究""经济学研究""哲学研究""法学研究"等栏目。

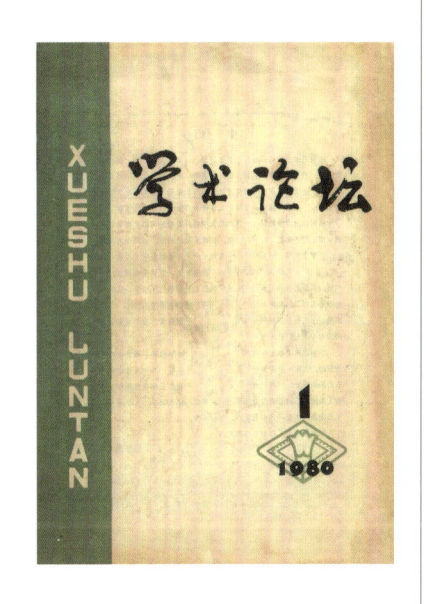

故纸藏珍——期刊创刊号欣赏

《图书情报工作》（创刊号）

1980年2月创刊，双月刊
16开48页，定价：0.28元
编辑者：《图书情报工作》编辑部
出版者：科学出版社

原《图书馆工作》。童大林、钱三强、吕叔湘撰文祝贺。不设栏目。

《清华校友通讯》（复刊号）

1980年4月出版，刊期不详
32开88页，内部刊物
编辑者：《清华校友通讯》编辑组

刘达题写刊名。设"今日清华""校友寄情""清华园沧桑""校友事迹"等栏目。

《文史资料选辑》(第一辑)

1980年8月出版,刊期不详
32开140页,定价:0.50元(内部发行)
编辑者:中国民主同盟北京市委员会文史
　　　　资料委员会

刊登的闻一多未发表的遗稿具有一定的史料参考价值。不设栏目。

《文物天地》(创刊号)

1981年1月创刊,刊期不详
16开48页,定价:0.32元
编辑者:文物天地编辑委员会
出版者:文物出版社
北京市期刊登记证第189号

原《革命文物》。不设栏目。

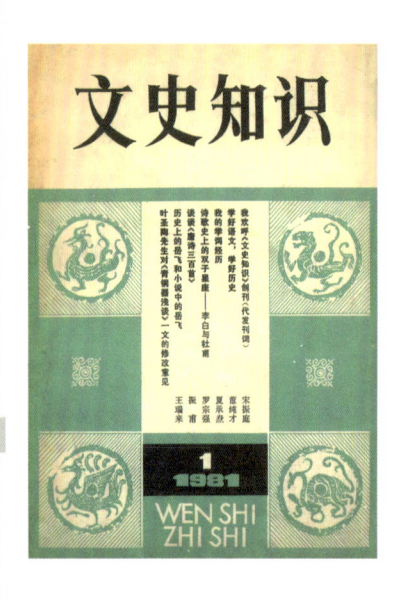

《文史知识》(创刊号)

1981年1月创刊,刊期不详
32开128页,定价:0.35元
编辑者:文史知识编辑部
出版者:中华书局
统一书号:17018·100
北京市期刊登记证第 765 号

　　宋振庭撰写代发刊词,董纯才撰文祝贺。以中学文史教师、大专文科学生以及广大文史爱好者为读者对象的知识性期刊。设"文史杂谈""治学之道""历史百题""怎样读""诗文欣赏"等栏目。

《中国广告》(创刊号)

1981年4月创刊,刊期不详
16开60页,工本费:1.60元(内部发行)
编辑出版者:《中国广告》编辑部
上海市期刊登记证第 204 号

　　中国广告艺术协会(筹)刊物。魏今非撰文祝贺。不设栏目。

《电大语文》(试刊号,总第 1 期)

1981 年 10 月出版,月刊
16 开 48 页,定价:0.32 元
编辑出版者:辽宁广播电视大学《电大语文》
　　　　　　编辑部
辽宁省期刊登记证第 011 号

　　1981 年 10 月至 1982 年 2 月共出版 5 期试刊内部发行。设"考试动态""政治""语文""历史""地理"等栏目。

《英语世界》(创刊号)

1981 年 10 月创刊,刊期不详
32 开 128 页,定价:0.40 元
编辑者:《英语世界》编辑部
出版者:商务印书馆
统一书号:9017·1195

　　吴景荣题写刊名并撰写代发刊词。设"文苑""人物""翻译探索""英语教学"等栏目。

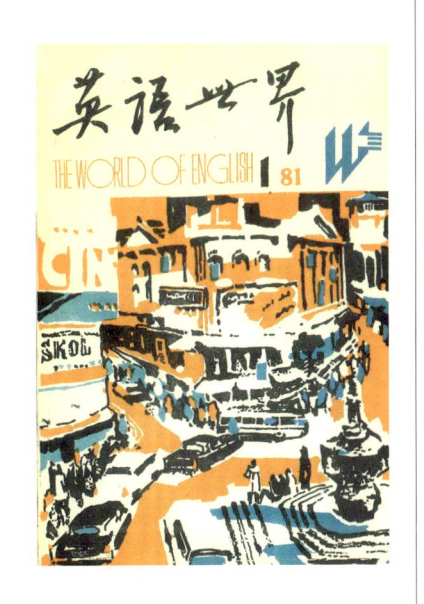

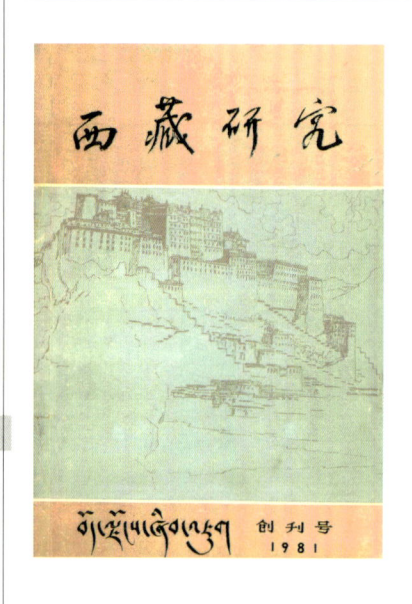

《西藏研究》(创刊号)

1981年12月创刊,季刊
16开128页,定价:0.60元
主办者:西藏社会科学院(等)
编辑出版者:《西藏研究》编辑部
西藏自治区期刊登记证第10号

  理论性期刊。主要刊登有关西藏的政治、经济、宗教、历史、语言、文学艺术等方面的学术论文以及西藏的风俗、掌故、格言、文物古迹介绍诸方面的短文和琐谈。分藏文版和汉文版。不设栏目。

《语言文学自修大学讲座》(第1期)

1982年3月出版,月刊
16开112页,内部刊物
编辑者:《语言文学自修大学讲座》编委会
出版者:地质出版社
统一书号:7038 新36—1

  王力撰写献词。设"德育论坛""文学艺术鉴赏""中国历史讲座"等栏目。

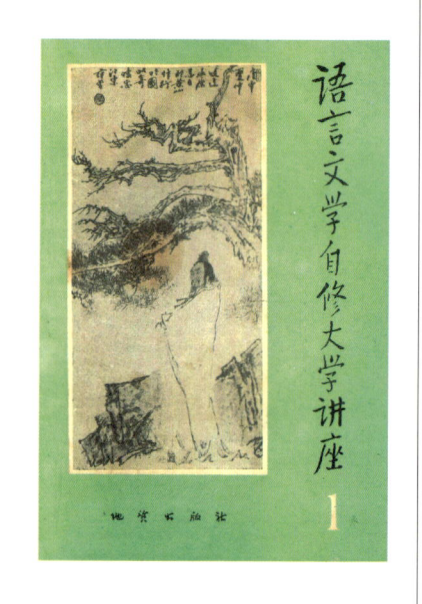

《教学研究》（创刊号）

1982年7月创刊，刊期不详
16开100页，内部刊物
编辑者：北京师范大学教务处高教研究会

启功题写刊名。学术性期刊。不设栏目。

《电大经济学刊》（创刊号）

1983年创刊，刊期不详
16开56页，定价：0.35元
主办者：北京广播电视大学
编辑者：《电大经济学刊》编辑部

陈叔亮题写刊名，许涤新撰文祝贺。设"政治经济学""中国近代经济史""微积分"等栏目。

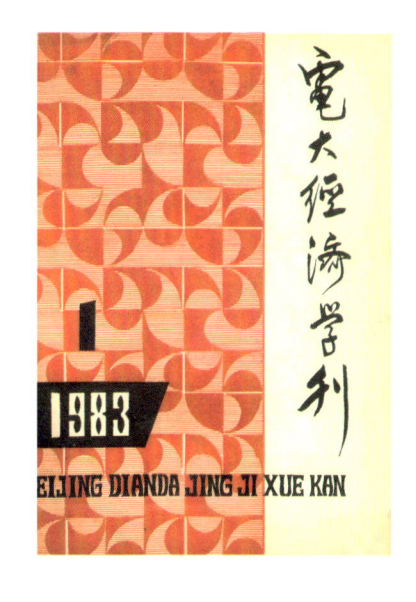

故纸藏珍——期刊创刊号欣赏

《广东文博》(创刊号)

1983年创刊,不定期
16开82页,内部刊物
编辑出版者:广东省文物管理委员会办公室

原《文博通讯》。秦咢生题写刊名。设"考古与研究""革命史迹""评论""文博动态"等栏目。

《史前研究》(创刊号)

1983年3月创刊,半年刊
16开176页,定价:1.00元
编辑出版者:西安半坡博物馆《史前研究》
　　　　　编辑部
陕西省期刊登记证第120号

舒同题写刊名,尹达撰文祝贺。学术性和资料性期刊。不设栏目。

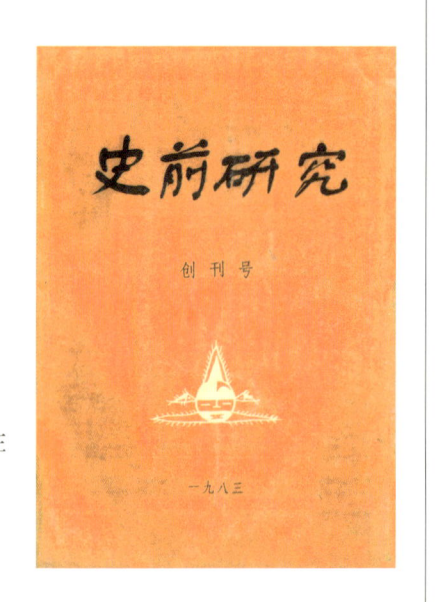

《日语知识》(创刊号)

1983年7月创刊,双月刊
32开64页,定价:0.26元
主办者:大连外国语学院
编辑出版者:《日语知识》杂志社
辽宁省期刊登记证第152号

于植元题写刊名,刘和民撰写发刊词。设"语言广场""词义辨微""译苑百花"等栏目。

《瞭望》(试刊号,总第1期)

1983年9月出版,月刊
16开48页,定价:0.30元
编辑者:《瞭望》周刊编辑部
出版者:《瞭望》周刊社
北京市期刊登记证第801号

自1984年1月改为政治时事性新闻周刊。设"时事纵横""省委书记的一天""文献与史料"等栏目。

《贵州劳动》(创刊号)

1983年11月创刊,不定期
16开32页,工本费:1.80元
编辑者:《贵州劳动》编辑室
出版者:贵州省劳动局

　　读者对象为劳动工作干部、劳动科学的理论工作者和教学工作者。不设栏目。

《哲里木史志通讯》(创刊号)

1984年创刊,不定期
16开64页,内部刊物
主办者:中共哲里木盟委党史资料征集
　　　委员会　内蒙古哲里木盟地方志
　　　编纂委员会
编辑者:《哲里木史志通讯》编辑部

　　旨在宣传贯彻党的有关史志工作方针政策,交流盟内外征集、编纂工作的情况和经验,发表收集整理的原始资料。设"烈士传略""哲里木史话""史志讲座"等栏目。

《乡镇经济手册》(第一辑)

1984年9月出版,月刊
32开80页,定价:0.30元
编辑者:《财贸经济》编辑部
出版者:中国展望出版社
统一书号:4271·086

张卓元撰写发刊词。设"问题研究""生财有道""有智则进""各抒己见"等栏目。

《中华新闻函授月刊》(第1期)

1984年12月出版,月刊
16开96页,内部刊物
主办者:中国人民大学新闻系 工人日报社

教学资料。不设栏目。

故纸藏珍——期刊创刊号欣赏

《英语文摘》(创刊号)

1985年1月创刊,双月刊
32开96页,定价:0.35元
编辑者:苏州大学外语系《英语文摘》编辑室
出版者:江苏教育出版社
书号:9351·019

　　广泛取材于中外英文报刊书籍的综合性文摘期刊。设"人物志""文学欣赏""知识窗""智力英语"等栏目。

《法制画报》(创刊号)

1985年1月创刊,刊期不详
16开36页,定价:0.38元
主办者:北京市法学会
编辑者:《法制画报》编辑部
出版者:《法制画报》社

　　张友渔题写贺词,陈守一撰文祝贺。旨在宣传法制和普及法学知识。编辑部设计了刊徽。不设栏目。

《案与法》(试刊号)

1985年2月出版,双月刊
16开40页,定价:0.30元
编辑出版者:《案与法》编辑部

　　通过各种案例研究法律、宣传法制的法律专业期刊。设"证据案例""民事案例""疑案辨析""法学文摘""古案大观"等栏目。

《军工史资料征集工作通讯》(创刊号)

1985年3月创刊,不定期
16开46页,内部刊物
编辑者:国防科工委军工史资料征集办公室

　　张爱萍题写刊名。不设栏目。

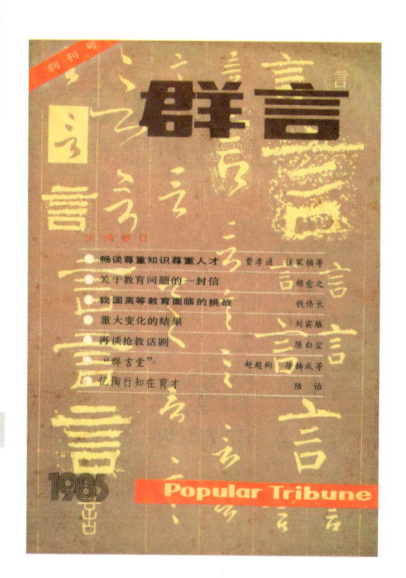

《群言》(创刊号)

1985年4月创刊,月刊
16开48页,定价:0.38元
编辑出版者:《群言》杂志社
北京市期刊登记证第1237号

　　政治性与学术性相结合的综合性期刊。设"专题座谈""群言堂""回忆录"等栏目。

《贵州省博物馆馆刊》(创刊号)

1985年6月创刊,刊期不详,16开116页
成本费:1.40元,收工本费:0.70元
主办者:贵州省博物馆
贵州省内部书刊印刷许可证(84)黔出业字65号

　　陈恒安题写刊名,董有刚撰写发刊词。不设栏目。

《日本》(创刊号)

1985年8月创刊,季刊
16开124页,定价:1.00元
编辑者:《日本》编辑部
出版者:国际文化出版公司
北京市期刊登记证第1319号

　　胡耀邦题写刊名,中曾根康弘题写贺词。设"名人轶事""文化巡礼""地方志""名胜古迹""小说"等栏目。

《函授通讯》(创刊号)

1985年10月创刊,不定期
16开16页,内部刊物
编辑者:中华全国律师函授中心

　　沟通辅导站与学员之间联系的读物。不设栏目。

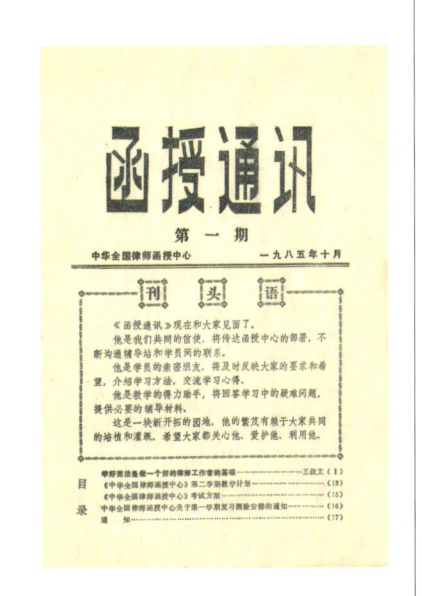

《地名与文史》(试刊号)

1985年12月出版,刊期不详
16开64页,内部刊物
编辑者:《地名与文史》编辑部
出版者:河南省地名委员会

  力求知识性、趣味性、思想性、文学性、学术性、服务性的特色。设"中州散记""历史名城""地名故事"等栏目。

《沈阳文史研究》(第一辑)

1986年9月出版,刊期不详
16开64页,内部刊物
编辑者:沈阳市文史馆编委会
沈出内登字第129号

  沈延毅题写刊名。设"文史钩沉""沈州揽胜""人物春秋"等栏目。

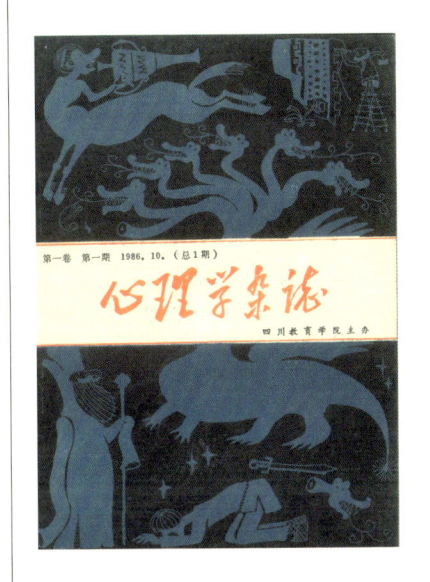

《心理学杂志》(创刊号)

1986年10月创刊,季刊
16开48页,定价:0.60元
主办者:四川教育学院
编辑者:《心理学杂志》编委会
四川省期刊登记证第342号

聂荣贵题写刊名。综合性学术期刊。设"论文与实验报告""普通心理学与实验心理学进展""教学经验交流"等栏目。

《中原文物·洛阳古墓博物馆馆刊》
(特刊,总第7期)

1987年4月出版,刊期不详
16开244页,定价:4.50元
主办者:河南省博物馆
编辑出版者:中原文物编辑部
登记证:豫刊证字第12号

史树青题写贺词,韩克华撰文祝贺。刊登故宫博物院、中国历史博物馆等贺信。不设栏目。

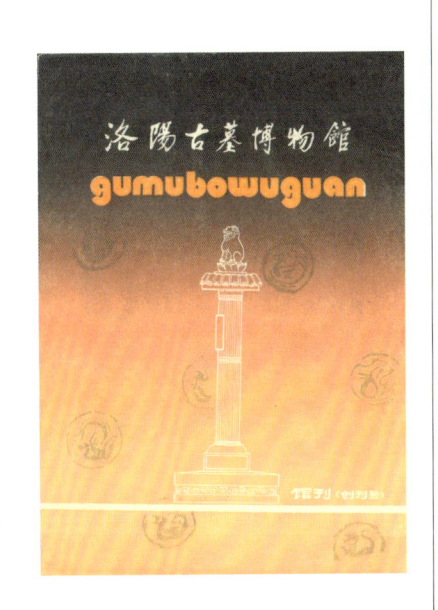

《牛津学子》(创刊号)

1988年创刊,年刊
16开88页,内部刊物
编辑出版者:《牛津学子》编辑部

牛津大学校史上首份中文刊物。启功题写刊名。设"牛津一瞥""牛津治学""经济专栏""留学生活"等栏目。

《金盾》(创刊号)

1988年创刊,刊期不详
16开48页,定价:0.62元
编辑出版者:《金盾》杂志社
国内统一刊号:CN11-1381

彭真题写刊名。原《首都公安》。公安法制综合通俗期刊。设"透视镜""长城风烟""人生歧路""探案寻踪""警视窗"等栏目。

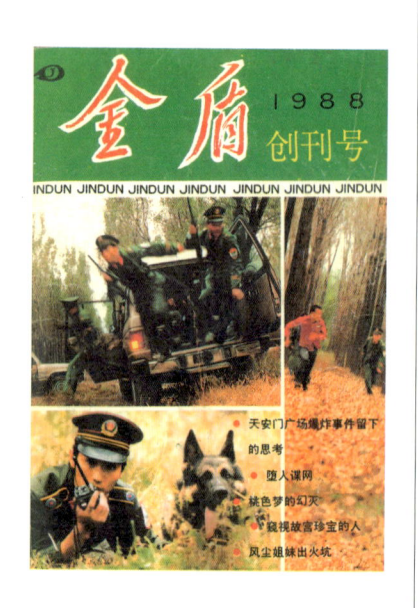

《新闻学苑》(创刊号)

1988年5月创刊,刊期不详
16开40页,内部刊物
主办者:人民日报社新闻函授部
编辑者:新闻学苑编辑部

　　谭文瑞撰写代发刊词。设"名家问答录""当代记者""新观念""采写经纬""我的第一次采访"等栏目。

《黄埔》(创刊号)

1988年6月创刊,刊期不详
16开48页,定价:0.55元
编辑者:《黄埔》杂志社
国内统一刊号:CN11-1727

　　邓颖超、徐向前、聂荣臻等题写贺词。时政综合类期刊。设"校史文萃""海峡深情""黄埔回忆""海外来鸿""说南道北""服务台"等栏目。

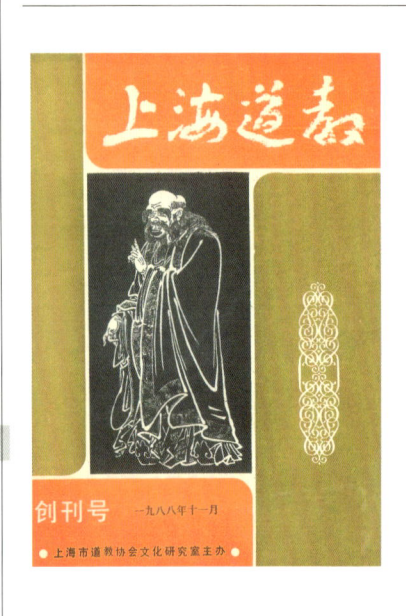

《上海道教》(创刊号)

1988年11月创刊,季刊
16开64页,定价:1.00元
主办者:上海市道教协会文化研究室
编辑者:《上海道教》编辑部
上海市内部刊物准印证沪期字第145号

　　旨在研究道教文化,沟通道教信息。设"道教论坛""道教人物志""众术探索""名山宫观"等栏目。

《汉字文化》(1~2期合刊)

1989年创刊,季刊
16开132页(1~2期合刊)
定价:1.80元(1~2期合刊)
编辑出版者:汉字文化杂志编辑部
国内刊号:CN11-2597
国际刊号:ISSN1001-0661

　　赵朴初封面题字,商承祚内封题字,周祖谟、安子介、钱伟长、张友渔题写贺词。兼具学术性和实用性。设"汉字改革百家谈""汉字教学百花园"等栏目。

《警世钟》(创刊号)

1989年1月创刊,月刊
16开48页,定价:0.85元
编辑者:警世钟杂志社编辑部
出版者:警世钟杂志社
国内统一刊号:CN13-1112

综合性法制期刊。设"法律咨询""国外司法""大千世界"等栏目。

《统一论坛》(创刊号)

1989年2月创刊,双月刊
16开56页,定价:1.90元
主办者:中国和平统一促进会
编辑出版者:统一论坛杂志社
国内统一刊号:CN11-2546

政治、时事、社会、文化综合性期刊。繁体字出版。旨在呼吁中华儿女齐心协力,迎接中华民族的光辉未来。设"两岸对话""鉴往知来""人物春秋"等栏目。

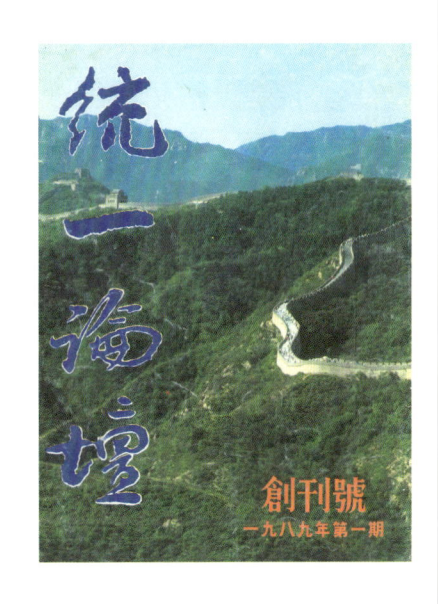

故纸藏珍——期刊创刊号欣赏

《军品采购研究》(创刊号)

1989年3月创刊,季刊
16开80页,内部刊物
主办者:北京国防经济研究会
　　　　军械工程学院兵器系
编辑者:军品采购研究编辑部
冀出内刊字19-2213号

　　刘卓甫、洪学智、乌家培等题写贺词。综合性学术理论期刊。设"探索与分析""订购效益""审价工作""军品价格思考""工程方法"等栏目。

《民主与科学》(创刊号)

1989年12月创刊,双月刊
16开48页,定价:0.70元
主办者:九三学社中央委员会
编辑出版者:《民主与科学》杂志社
国内统一刊号:CN11-2691

　　周培源撰写代发刊词。设"民主论坛""科技新声""文化研究"等栏目。

《管理精英》(创刊号)

1990年4月创刊,月刊
16开64页,定价:1.65元
编辑出版者:《管理精英》杂志编辑部
国内统一刊号:CN22-1171

　　广告语"来自社会管理的报告"。不设栏目。

《改革研究》(创刊号)

1991年8月创刊,双月刊
16开64页,定价:1.40元
主办者:武汉市经济体制改革委员会
　　　　武汉经济体制改革研究会
编辑者:《改革研究》编辑部
出版者:《改革研究》杂志社
期刊登记:鄂刊字349号

　　研究和指导改革的综合性期刊。设"试点与经验""借鉴与参考"等栏目。

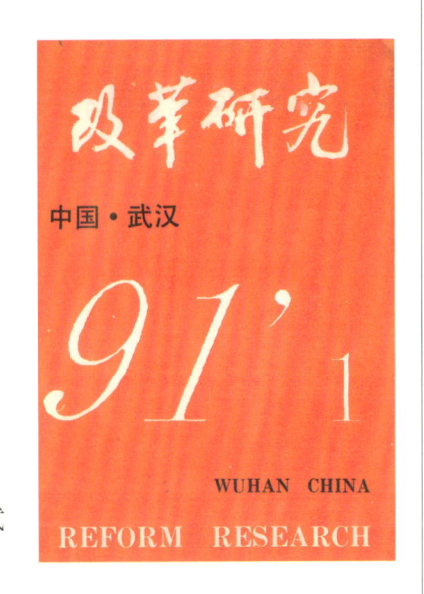

故纸藏珍——期刊创刊号欣赏

《四野南下工作团团史文献资料选编》(第一辑)

1991年10月出版,不定期
16开48页,内部刊物
编辑者:四野南下工作团团史北京文献
　　　　资料征集委员会
准印证号:3682-91682

　　1992年5月出版第二辑。设"建团文献""报刊文摘""回忆录选""各地信息"等栏目。

《薛涛与望江楼》(创刊号)

1992年创刊,不定期
16开68页,内部刊物
编辑者:薛涛研究会

　　薛涛研究会会刊。不设栏目。

— 52 —

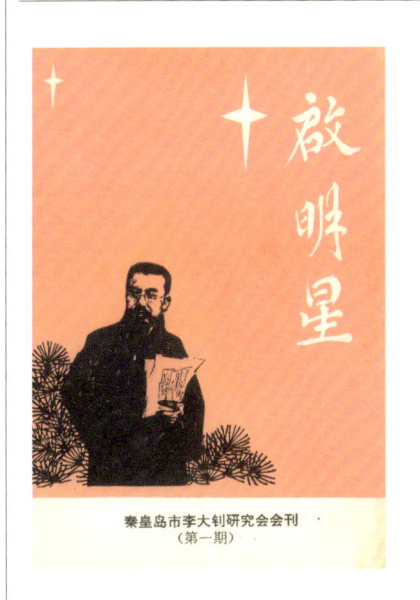

《启明星》(第 1 期)

1992年出版,不定期
16开36页,内部刊物
编辑者:秦皇岛市李大钊研究会
秦准字(1992)第 1588 号

　　以发表研究论文为主的综合性期刊。不设栏目。

《贵州文博》(创刊号)

1992年2月创刊,季刊
16开110页,内部刊物
编辑者:《贵州文博》编辑部
出版者:贵州省文物管理委员会
期刊登记证:黔 01-K060

　　1982年创刊的《贵州文物》与1985年创刊的《贵州省博物馆馆刊》合并而来。潘廷映撰写发刊词。设"历史文物""文博论坛""藏品介绍"等栏目。

故纸藏珍——期刊创刊号欣赏

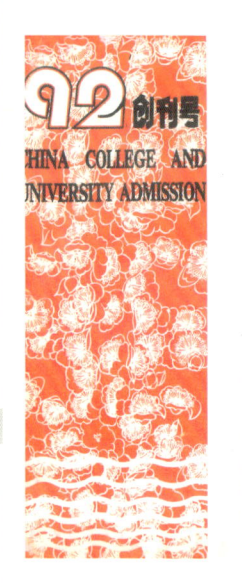

《中国高校招生》(创刊号)

1992年3月创刊,季刊
16开80页,定价:2.95元
主办者:中国高等学校招生研究会
编辑者:《中国高校招生》杂志社
川新出字第01-336号

　　启功题写刊名,何东昌题写贺词。设"新思路""实践与探索""科学管理""高考指南""芳草地"等栏目。

《高三数理化》(创刊号)

1993年8月创刊,双月刊
16开48页,定价:2.00元
主办者:北京师范大学
编辑出版者:《高三数理化》编辑部
国际标准刊号:ISSN1005-2836
国内统一刊号:CN11-3378/G4

　　原《数理化高考》。卢嘉锡题写刊名。设"学习与复习指导""考题精析""思路与方法""巧解妙算""理化实验""自我检测"等栏目。

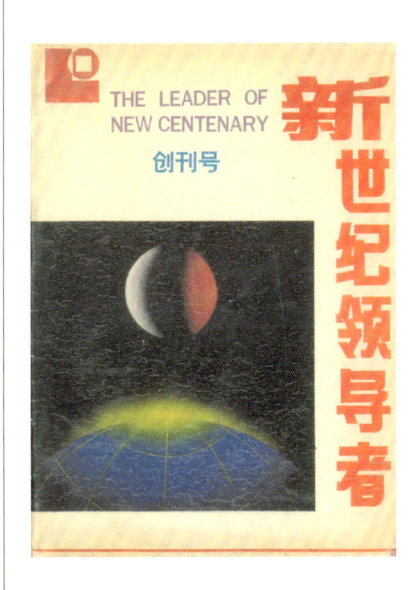

《新世纪领导者》(创刊号)

1993年10月创刊,月刊
16开64页,定价:6.80元
主办者:济南管理科学院
　　　　中国管理科学研究院山东分院
编辑者:《新世纪领导者》编辑部
出版者:《新世纪领导者》杂志社
山东省刊字第342号

　　探索领导科学理论真谛,展现领导人物形象。设"为政之道""方圆艺术""老将论策""新概念新事物"等栏目。

《天网》(创刊号)

1994年2月创刊,双月刊
16开80页,定价:2.80元
主办者:昆明市公安局
编辑出版者:天网杂志社
国内统一刊号:CN53-1106/D

　　公安法制宣传教育期刊。设"案件启示录""法制回音壁"等栏目。

故纸藏珍——期刊创刊号欣赏

《太平洋学报》(第1期)

1994年7月出版,月刊
16开160页,定价:12.00元
主办者:中国国家海洋局
出版者:太平洋学报杂志社
国际标准刊号:ISSN1004-8049
国内统一刊号:CN11-3152/K

中国太平洋学会会刊。不设栏目。

《中国宗教》(创刊号)

1995年6月创刊,季刊
16开64页,定价:6.80元
主办者:国务院宗教事务局
编辑出版者:中国宗教杂志社
国际标准刊号:ISSN1006-7558
国内统一刊号:CN11-3598/D

赵朴初题写刊名,丁光训、宗怀德等题写贺词或签名。设"专题访谈""广角镜""史海辑粹""异域写真""警世录"等栏目。

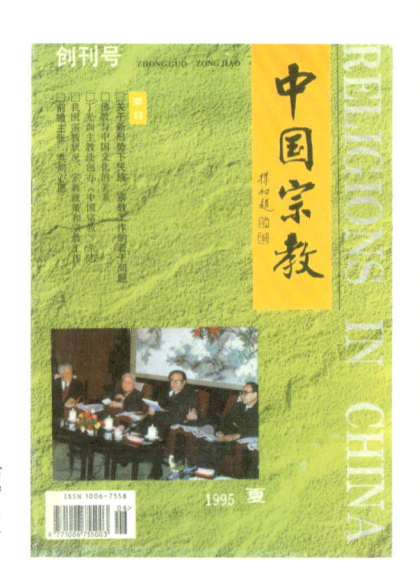

第二部分 自然科学、科普类期刊

故纸藏珍——期刊创刊号欣赏

《机械工人》(第 1 期)

1950 年 10 月出版,月刊
32 开 66 页,定价:2.50 元
编辑出版者:科学技术出版社
发行者:生活·读书·新知三联书店

　　为各地机械工人学习技术与交流经验而服务。不设栏目。

《中国数学杂志》(第 1 卷第 1 期)

1951 年 11 月出版,季刊
16 开 58 页,定价:5000 元(第一套人民币)
编辑者:中国数学会中国数学杂志编辑委员会
出版者:中华全国自然科学专门学会联合会
北京市军事管制委员会登记证新字第 266 号

　　刊登《中国数学会第一次代表大会总结报告》颇有史料价值。编辑委员会设在北京师范大学数学系。不设栏目。

《数学进展》(第 1 卷第 1 期)

1955 年 5 月出版,刊期不详
16 开 222 页,定价:2.60 元
编辑者:中国数学会
出版者:科学出版社
北京市期刊登记证第 1284 号

　　刊登综述性的数学论著及国外重要的数学论著的译文,并刊登短篇数学创作、中国数学史论著、有关高等数学教学的理论问题论著、书评、学术活动的消息报道。不设栏目。

《学科学》(创刊号)

1956 年 4 月创刊,月刊
32 开 48 页,定价:0.10 元
编辑者:中华全国科学技术普及协会
　　　　学科学杂志社
出版者:中华全国科学技术普及协会
北京市期刊登记证出期字第 290 号

　　郭沫若、梁希撰文祝贺。设"农业知识""国防知识""卫生知识""天文气象"等栏目。

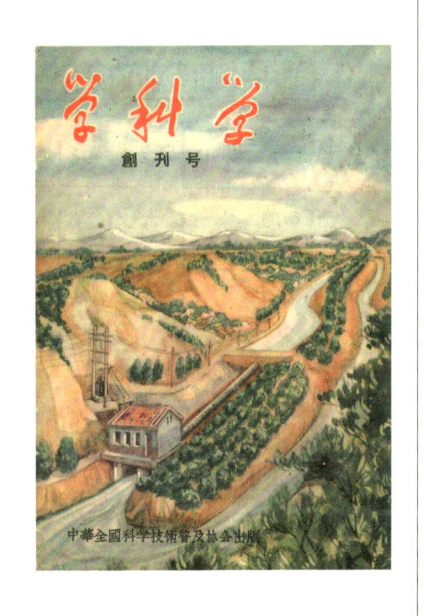

故纸藏珍——期刊创刊号欣赏

《铁道工程》(创刊号)

1958年3月创刊,双月刊
16开62页,定价:0.40元
编辑者:铁道部铁道工程编辑委员会
出版者:人民铁道出版社

　　滕代远撰写发刊词。由《铁路工程》与《设计通讯》两本期刊合并而来。报道铁路基本建设、工程设计和施工方面的期刊。不设栏目。

《大众地质》(创刊号)

1959年1月创刊,月刊
32开40页,定价:0.10元
编辑者:地质部大众地质编辑部
出版者:地质出版社

　　许杰撰文祝贺。不设栏目。

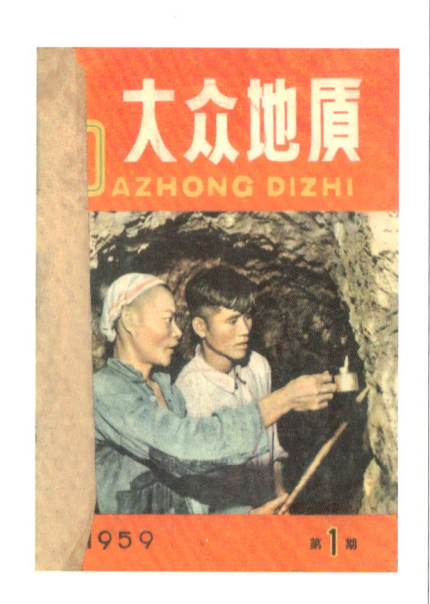

《科学大众》(第1期)

1963年1月出版,月刊
16开32页,定价:0.18元
编辑者:科学大众编辑部
出版者:科学普及出版社

　　《科学大众》和《知识就是力量》两个杂志合并后出版的首期。不设栏目。

《建筑译丛·采暖通风和电气设备》
(创刊号)

1964年1月创刊,月刊
16开32页,定价:0.25元
编辑者:建筑工程部技术情报局
出版者:中国科学技术情报研究所出版处

　　原《国外建筑文摘》,1964年改名为《建筑译丛》,并按照专业划分为11个分册,包括城市建设、建筑设计、建筑结构、采暖通风和电气设备、给水排水、施工技术、建筑经济、建筑材料、水泥、玻璃和玻璃纤维、陶瓷。不设栏目。

故纸藏珍——期刊创刊号欣赏

《国外焊接》(创刊号)

1964年2月创刊,双月刊
16开52页,定价:0.35元
主办者:第一机械工业部机械科学研究院
　　　　焊接研究所
编辑者:国外焊接编辑部
出版者:辽宁科学技术情报研究所

专业性的技术情报期刊。主要报导国外焊接技术的水平、发展趋势、研究成果、先进经验和最新成就,国外焊接学术活动等。设"试验研究""生产经验""消息报导"等栏目。

《港工航道技术》(创刊号)

1964年2月创刊,不定期
16开46页,内部刊物
编辑出版者:交通部航务工程管理局
　　　　　　港工航道技术编辑出版委员会

港工航道专业技术性期刊。不设栏目。

《稀有元素矿产地质译丛》(创刊号)

1964年3月创刊,季刊
16开80页,定价:0.60元(内部发行)
编辑者:稀有元素矿产地质译丛编辑委员会
出版者:四川省科学技术情报研究所

学术期刊。不设栏目。

《科学实验》(试刊号,总第3期)

1970年12月出版,月刊
16开48页,定价:0.20元
编辑者:《科学实验》杂志编辑组
出版者:科学出版社

　　1971年4月正式创刊。综合性科学技术普及期刊。不设栏目。

故纸藏珍——期刊创刊号欣赏

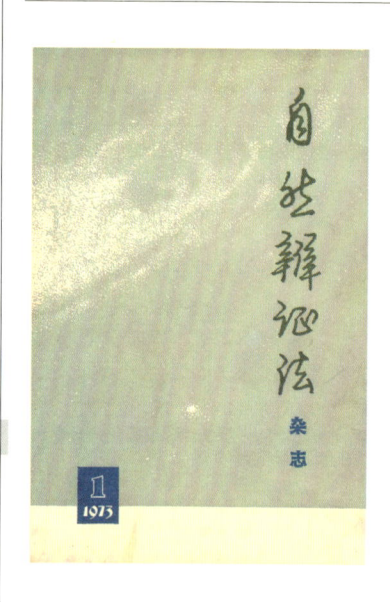

《自然辩证法杂志》(创刊号)

1973年6月创刊,不定期
32开224页,定价:0.50元
编辑出版者:上海人民出版社
统一书号:2171·42

  旨在促进哲学工作者和自然科学工作者的合作。创刊号以天文学和宇宙理论为中心,第二期和第三期拟分别以物理学和生理学为中心。

《建筑学报》(复刊号,总113期)

1973年10月出版,双月刊
8开52页,定价:0.50元
编辑者:中国建筑学会
出版者:中国建筑工业出版社

  创刊于1954年。以建筑设计为主,包括建筑结构、建筑施工、建筑设备、建筑物理、园林绿化、城乡规划及建筑历史等内容的综合性学术期刊。不设栏目。

《无线电技术》(复刊号,总第 26 期)

1974 年 1 月出版,月刊
16 开 40 页,定价:0.18 元
编辑出版者:无线电技术编辑委员会

创刊于 1964 年。学术期刊。不设栏目。

《环境保护》(创刊号)

1975 年 1 月创刊,刊期不详
16 开 68 页,内部刊物
编辑出版者:黑龙江省革命委员会环境
　　　　　保护办公室

　　旨在广泛宣传党对环境保护工作的方针政策,大力普及环境保护科学知识,积极交流治理"三废"、综合利用、消除污染、保护环境的经验等。设"思想评论·文章选辑""基础知识·科技讲座""科学研究·环境监测""工作简讯·经验交流"等栏目。

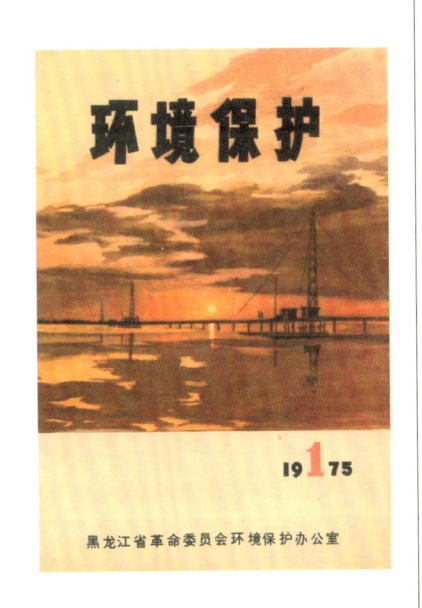

《自然科学争鸣》(创刊号)

1975年9月创刊,不定期
16开128页,定价:0.45元(内部发行)
编辑者:自然科学争鸣杂志编辑部
出版者:科学出版社
统一书号:13031·396
本社书号:599·13-18

　　讨论性、批判性期刊。设"关于育种工作的讨论""关于技术政策的讨论""关于超光速运动的讨论""在实践中运用唯物辩证法"等栏目。

《治山治水》(创刊号)

1976年创刊,刊期不详
16开60页,内部刊物
编辑者:中国科学院地理研究所情报组

　　读者对象为工农兵群众、干部、上山下乡知识青年以及从事农业、地理、水利等方面的科学研究工作人员。不设栏目。

《金属热处理》(创刊号)

1976年1月创刊,季刊
16开48页,定价:0.35元(内部发行)
编辑出版者:一机部机械院机电所
　　　　　《金属热处理》编辑部

　　机械工业热处理行业的技术性期刊。设"试验研究""热处理设备""国外热处理简讯"等栏目。

《电子陶瓷技术》(创刊号)

1977年10月创刊,不定期
16开128页,内部刊物
编辑者:电子陶瓷技术编辑部

　　专业性的技术期刊。不设栏目。

故纸藏珍——期刊创刊号欣赏

《光机工艺》(创刊号)

1978年1月创刊,刊期不详
16开32页,内部刊物
编辑者:南京仪表机械厂《光机工艺》编辑组

　　研究探讨有关光学加工的设备和工艺以及两者之间的相互关系的技术性期刊。设"新产品介绍""技术交流""小改小革"等栏目。

《自然杂志》(创刊号)

1978年5月创刊,刊期不详
16开80页,定价:0.32元(内部发行)
编辑者:《自然杂志》编辑部
出版者:上海科学技术出版社

　　读者对象为科技工作者、教育工作者以及工农兵。创刊号刊登对中国科学院副院长钱三强的专访。设"研究通信""自然界探索""自然信息"等栏目。

— 68 —

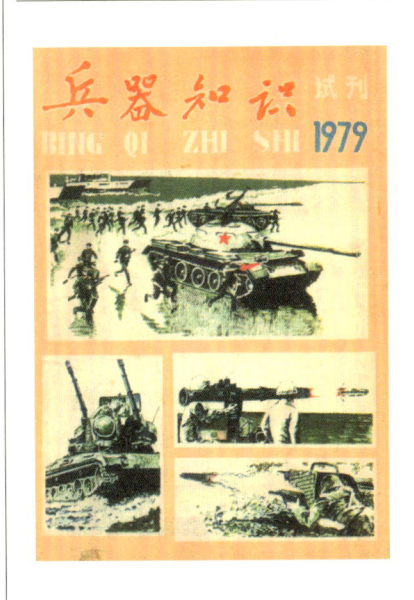

《兵器知识》(试刊号,总第 1 期)

1979 年出版,双月刊
16 开 32 页,定价:0.20 元
主办者:中国兵工学会
编辑者:兵器知识编辑部
出版者:国防工业出版社

聂荣臻题写刊名。设"兵器小常识""外军兵器介绍""大家谈"等栏目。

《科学时代》(1~2 期合刊)

1979 年创刊,双月刊
16 开 148 页(1~2 期合刊)
定价:0.76 元(1~2 期合刊)
主办者:黑龙江省科普创作协会
编辑出版者:《科学时代》杂志社

高士其撰写代创刊词。设"科学文艺""生物之窗""创作评论"等栏目。

《电子世界》(创刊号)

1979年1月创刊,月刊
16开32页,定价:0.22元
编辑出版者:中国电子学会《电子世界》
　　　　　　杂志社

　　高士其撰文祝贺。宗旨是在广大读者中提倡爱电子、学电子、用电子,普及电子科学技术知识,为提高整个中华民族的科学文化水平、为实现四个现代化服务。设"现代电子技术""电子文艺""革新与应用""实验与制作"等栏目。

《中国麻作》(创刊号)

1979年2月创刊,季刊
16开40页,定价:0.25元
编辑出版者:中国农业科学院麻类研究所
　　　　　　(湖南沅江)

　　全国性的麻类作物科技期刊。创刊号赠送订户。不设栏目。

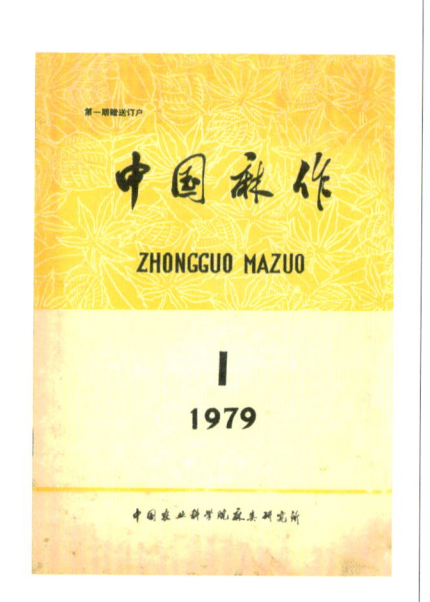

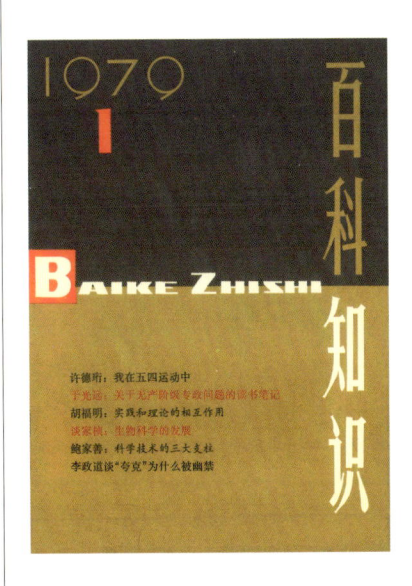

《百科知识》(创刊号)

1979年5月创刊,刊期不详
16开96页,定价:0.55元
编辑出版者:中国大百科全书出版社
书号:17197·1

姜椿芳撰写代发刊词。设"读史札记""文艺漫话""边缘学科介绍"等栏目。

《知识就是力量》(复刊号)

1979年5月出版,刊期不详
16开64页,定价:0.38元
编辑出版者:科学普及出版社

创刊于1956年,1962年停刊。周恩来题写刊名。不设栏目。

故纸藏珍——期刊创刊号欣赏

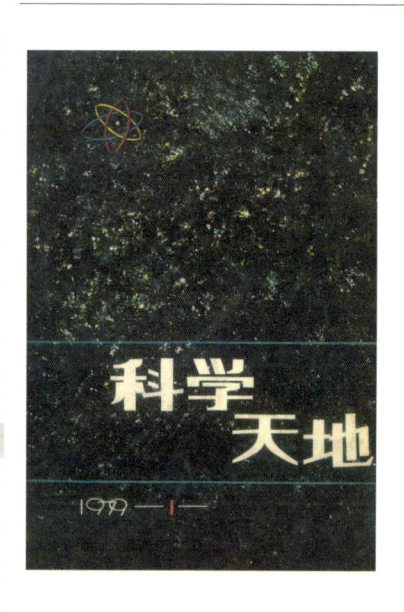

《科学天地》(创刊号)

1979年11月创刊,月刊
16开64页,定价:0.28元
编辑者:湖南省科普创作协会
出版者:湖南科学技术出版社
统一书号:17204·3

　　叶永烈撰写代发刊词,高士其撰文祝贺。综合性科普期刊。设"三湘四水""科技新花""科学文艺""科学珍闻"等栏目。

《地震科学研究》(试刊号)

1979年12月出版,刊期不详
16开64页,定价:0.30元
编辑者:《地震科学研究》编辑部
出版者:地震出版社

　　以报导地震预报的应用研究为主的专业科学技术期刊。设"综合述评""科技交流""简讯"等栏目。

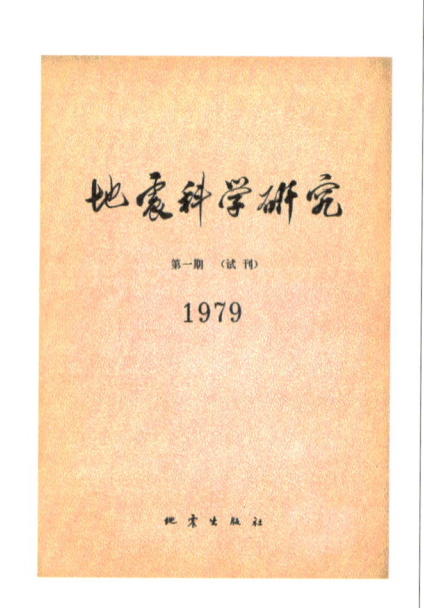

《上海力学》(创刊号)

1980年创刊,季刊
16开88页,内部刊物
主办者:上海力学学会
编辑者:《上海力学》编辑部(同济大学内)

原《力学译丛》。学术期刊。不设栏目。

《卫生漫画》(第1期)

1980年出版,不定期
16开32页,工本费:0.32元
编辑者:辽宁省卫生科学教育所
辽出临图字[1980]第10号登记

刊登卫生方面的漫画、笑话、讽刺照片等。不设栏目。

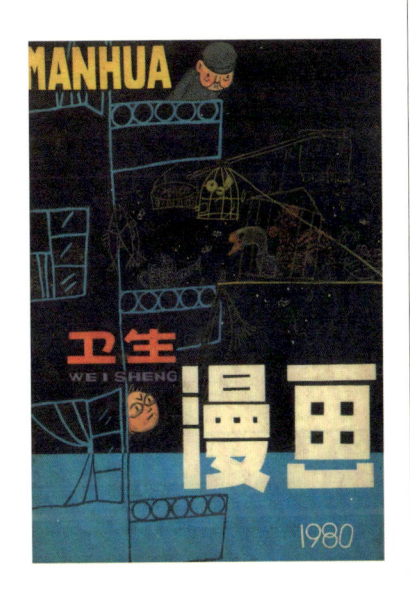

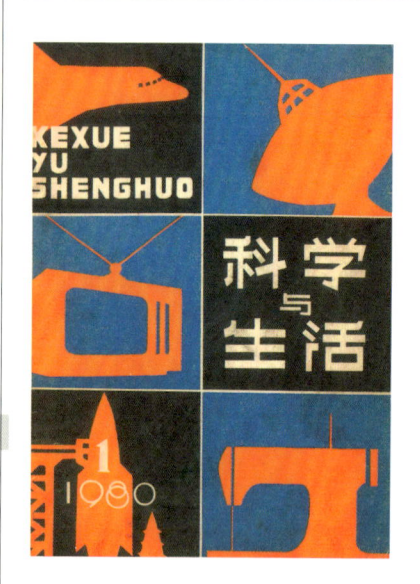

《科学与生活》(第1期)

1980年1月出版,刊期不详
16开80页,定价:0.48元
编辑者:辽宁省科普创作协会
　　　　辽宁人民出版社
出版者:辽宁人民出版社
书号:13090·37

综合性科学技术知识普及丛刊。设"科学小品""科学文艺""生活之友""祝您健康""知识点滴"等栏目。

《科学24小时》(创刊号)

1980年1月创刊,月刊
16开64页,定价:0.34元
编辑者:浙江省科普创作协会
出版者:浙江科学技术出版社
统一书号:17221·1

田志伟撰写代发刊词。设"科学珍闻""大众医学""风物科学谈""科学文艺""生活中的科学"等栏目。

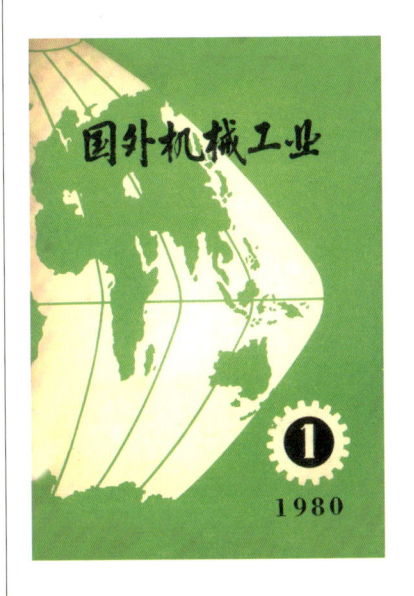

《国外机械工业》(试刊号)

1980年1月出版,月刊
16开64页,定价:0.42元
编辑者:第一机械工业部科学技术情报
　　　　研究所
出版者:机械工业出版社

　　沈鸿撰写代发刊词。设"技术发展""专题报道""知识讲座"等栏目。

《镇远科技》(第1期)

1980年2月出版,不定期
16开48页,内部刊物
编辑者:贵州省镇远县科学技术委员会

　　科普期刊。设"科普小品""青少年科技园地"等栏目。

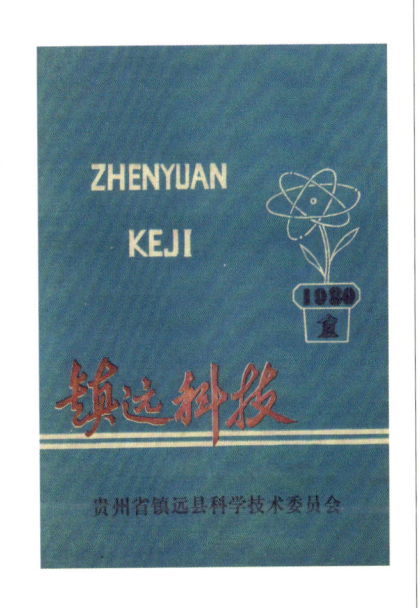

故纸藏珍——期刊创刊号欣赏

《家用电器》(创刊号)

1980年3月创刊,季刊,16开48页
定价:0.45元(胶版纸)、0.35元(凸版纸)
编辑者:《家用电器》编辑部
出版者:全国家用电器工业科技情报站

梁灵光题写贺词。旨在促进家电行业的科学技术交流,普及家电知识,推动行业的发展。设"工艺设计""使用维护"等栏目。

《铁道知识》(试刊号)

1980年3月出版,刊期不详
16开32页,定价:0.20元
编辑者:中国铁道学会《铁道知识》编辑部
出版者:中国铁道出版社

专业性的科普期刊。不设栏目。

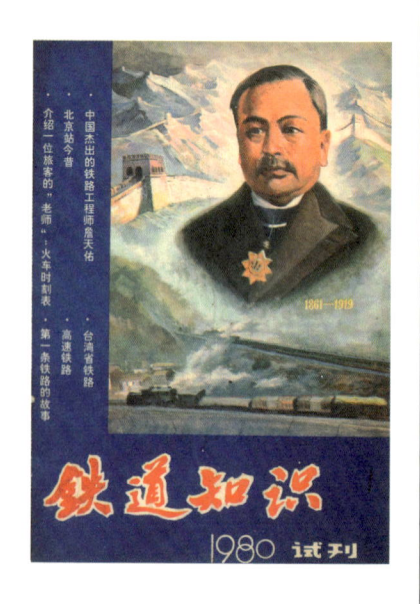

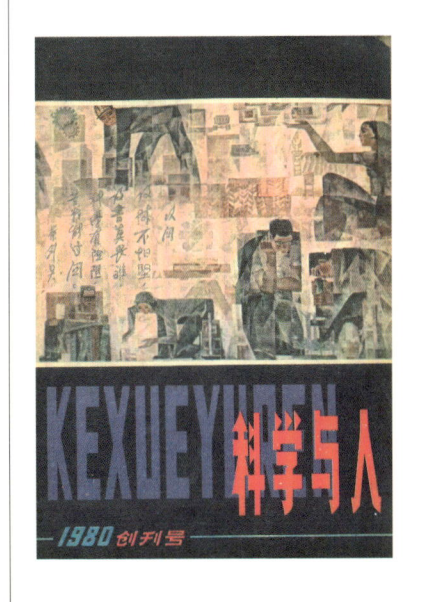

《科学与人》(创刊号)

1980年4月创刊,月刊
16开64页,定价:0.38元
编辑者:湖北省科普创作协会
　　　　湖北人民出版社
出版者:湖北人民出版社
统一书号:17106·40

　　陈丕显题写贺词,高士其撰文祝贺,陶世龙撰写代发刊词。设"科学家""在国外""自然博物馆""生活顾问"等栏目。

《知识与生活》(创刊号)

1980年4月创刊,刊期不详
16开64页,定价:0.48元
主办者:山东省科学技术普及创作协会
编辑出版者:山东科学技术出版社
书号:17195·04

　　综合性科普丛刊。不设栏目。

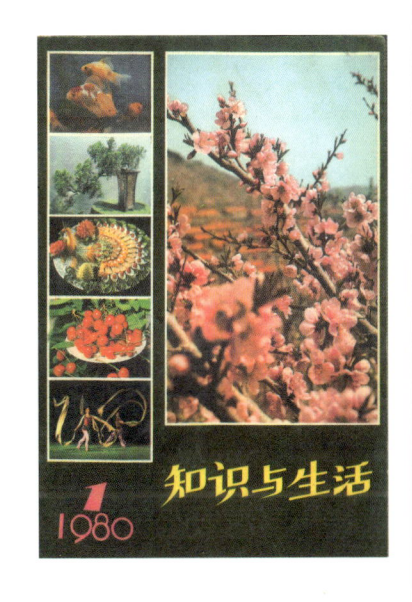

《国外生活用品》(试刊号,总第 1 期)

1980 年 10 月出版,双月刊
16 开 52 页,定价:0.45 元
编辑出版者:辽宁省科学技术情报研究所

  1981 年 2 月正式创刊。译报类科技情报期刊。设"服装""家具""家用器皿""家用电器""塑料""日用杂品""食品"等栏目。

《泥沙研究》(复刊号)

1980 年 12 月出版,季刊
16 开 112 页,定价:0.62 元
编辑者:《泥沙研究》编辑委员会
出版者:水利出版社

  自 1956 年 6 月创刊至 1959 年 6 月停刊共出版 12 期。张含英题写刊名。不设栏目。

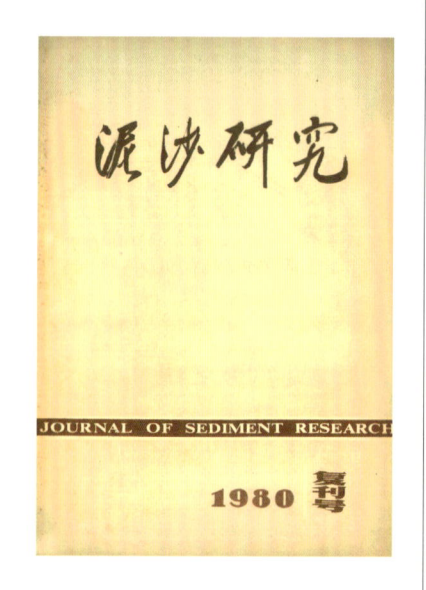

《小学科技》(创刊号)

1981年创刊,刊期不详
16开32页,定价:0.22元
编辑者:《小学科技》编辑部
出版者:上海教育出版社

杭苇撰文祝贺。不设栏目。

《电子与生活》(创刊号)

1981年创刊,刊期不详
16开32页,定价:0.23元
编辑者:科技编辑室
出版者:辽宁人民出版社
书号:15090·98

旨在向非电子专业的广大群众和青少年普及电子科学知识。设"电视与收音""家用电器""电子医生""资料室""读者乐园"等栏目。

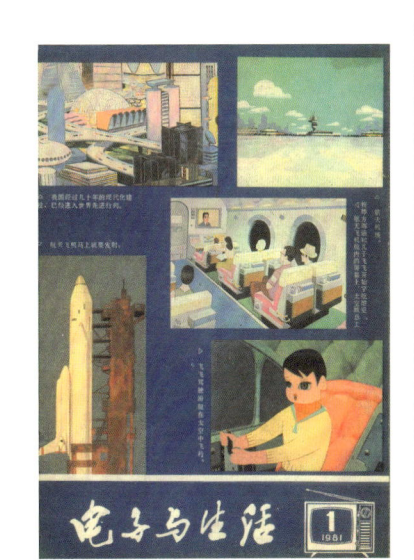

故纸藏珍——期刊创刊号欣赏

《机械制造》(复刊号)

1981年1月出版,月刊
16开48页,定价:0.35元
编辑出版者:机械制造编辑委员会
上海市期刊登记证第142号

　　创刊于1950年,1980年复刊时改名《上海机械》,1981年恢复创刊时的原名。设"设计与计算""国外书刊摘要""读者问答"等栏目。

《科学大观园》(创刊号)

1981年5月创刊,刊期不详
16开32页,定价:0.20元
编辑出版者:科学普及出版社
统一书号:13051·1244

　　综合性的科普文摘期刊。设"科学趣谈""科学与生活""家庭小百科""健康顾问""自修大学""自然博物馆"等栏目。

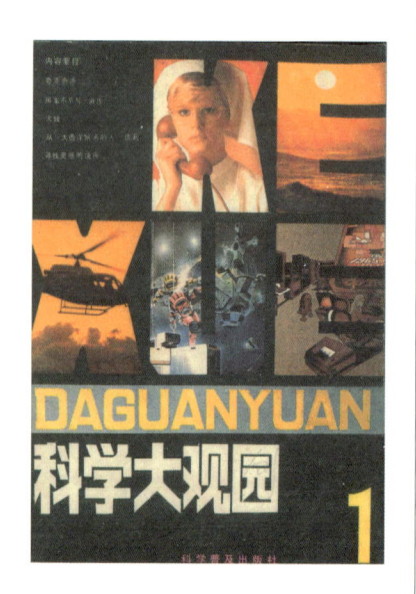

《现代通信》(创刊号)

1981年7月创刊,月刊
16开32页,定价:0.23元
编辑出版者:中国通信学会现代通信杂志社
　　　　　现代通信编辑部
上海市期刊登记证沪刊第079号

　　科普期刊。设"现代通信技术""科技制作"等栏目。

《地球》(创刊号)

1981年7月创刊,双月刊
16开32页,定价:0.25元
主办者:中国地质学会科普委员会
　　　　地质博物馆
编辑者:地球编辑部
出版者:地质出版社
书号:15038 新726

　　科普期刊。设"笔谈会""大自然的魔力""地学春秋"等栏目。

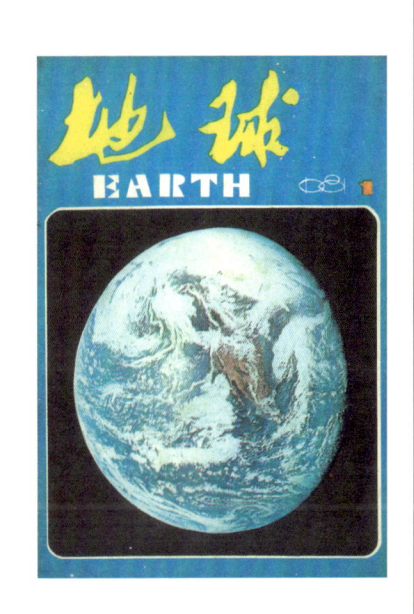

故纸藏珍——期刊创刊号欣赏

《建筑知识》(创刊号)

1981年7月创刊,刊期不详
16开48页,定价:0.30元
主办者:中国建筑学会科学普及委员会
编辑者:北京土木建筑学会普及及教育委员会
出版者:中国建筑技术交流中心

　　夏行时撰写发刊词。设"城市规划""建筑设计""建筑施工""市政交通""古建筑""建筑材料""家庭之友"等栏目。

《现代服装》(创刊号)

1981年9月创刊,刊期不详
16开56页,定价:0.54元
编辑者:轻工业出版社 北京市服装工业
　　　　公司研究所《现代服装》编辑部
出版者:轻工业出版社
统一书号:15042·1639

　　胡絜青题写刊名,季龙撰写发刊词。为服装工业生产服务的综合性期刊。设"服装工业基础理论""服装的审美""一裁剪图"等栏目。

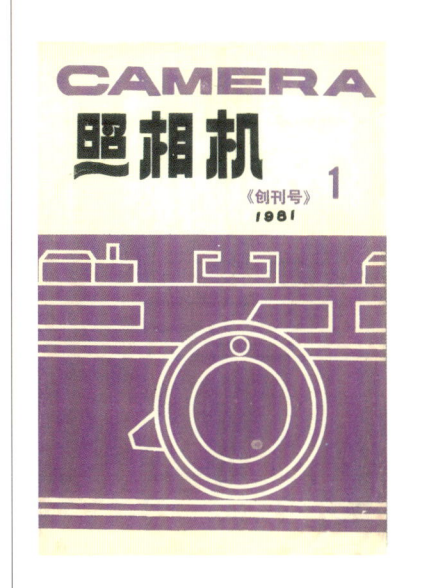

《照相机》(创刊号)

1981年12月创刊,季刊
16开80页,内部刊物
编辑者:《照相机》编辑部
出版者:五机部照相机情报网

　　读者对象包括照相机生产的组织者,照相机的设计及制造者,照相机的销售者、使用者及修理者等。设"专利""标准""资料服务"等栏目。

《通风除尘》(创刊号)

1982年3月创刊,季刊
16开48页,定价:0.30元
编辑者:《通风除尘》编辑部
出版者:湖北工业建筑设计院

　　读者对象为从事通风除尘、环境保护、劳动保护、工艺收尘等方面的科技人员以及生产操作工人和管理干部。不设栏目。

《生命》(创刊号)

1982年8月创刊,刊期不详
16开48页,定价:0.30元
编辑者:《生命》丛刊编辑部
出版者:科学普及出版社
统一书号:13051·1334

周培源撰文祝贺。设"待揭之谜""大千世界""探索者"等栏目。

《西北轻工业学院学报》(创刊号)

1982年12月创刊,刊期不详
16开118页,定价:0.45元
编辑出版者:西北轻工业学院学报编委会
陕西省期刊登记证第110号

启功题写刊名,季龙撰文祝贺。以刊登轻工业科学理论研究和重要科学研究成果为主要内容的学术性期刊。不设栏目。

《魅力》(创刊号)

1983年9月创刊,刊期不详
16开64页,定价:0.38元
主办者:中国科普创作协会报刊研究委员会
出版者:上海科学技术出版社

旨在介绍世界报刊,交流编创经验,扩大知识领域,启迪创作思维。设"国内科普报刊介绍""世界著名报刊介绍""编辑与作家""报刊精英录"等栏目。

《古建园林技术》(创刊号)

1983年12月创刊,季刊
16开64页,定价:0.64元
主办者:北京土木建筑学会
　　　　北京城建技协古建园林组
　　　　北京市东城区科学技术协会
　　　　北京东城区土木建筑学会
　　　　北京市第二房屋修缮工程公司
编辑者:《古建园林技术》期刊编辑部

启功题写刊名。以研究、继承和发扬中国古建筑及园林技术与艺术传统为宗旨的专业性学术期刊。设"古建传统技术""古典园林工程""古典文献"等栏目。

故纸藏珍——期刊创刊号欣赏

《软件产业》(创刊号)

1984年9月创刊,刊期不详
16开64页,定价:0.50元
编辑者:《软件产业》编辑部
出版者:中国软件技术公司

江泽民撰写代发刊词。不设栏目。

《科技辅导员》(创刊号)

1986年创刊,双月刊
16开32页,定价:0.35元
主办者:中国青少年科技辅导员协会
编辑者:《科技辅导员》编辑部
北京市期刊登记证第1301号

周培源、茅以升题写贺词。读者对象以科技辅导员和理科教师为主的科普期刊。设"活动资料""进修讲座""思维驰骋"等栏目。

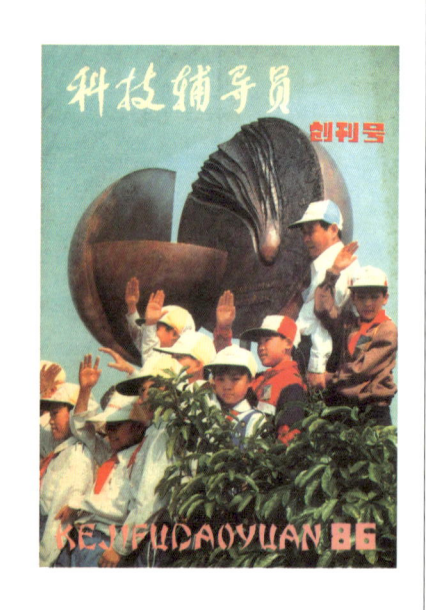

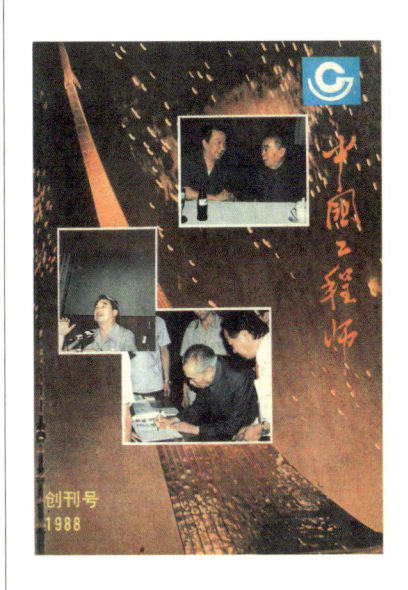

《中国工程师》(1~2 期合刊)

1988 年 10 月创刊,双月刊
16 开 104 页(1~2 期合刊)
工本费:2.00 元(1~2 期合刊)
主办者:中国老龄问题全国委员会老年科技
　　　　咨询服务中心
编辑者:《中国工程师》杂志编辑部
出版者:《中国工程师》杂志社
北京市新闻出版局批准号 88540

聂荣臻等题写贺词。设"工程师谈改革""中华英才""征帆初张""科海钩沉""环球远眺""色彩与芳香""对讲机""小康路"等栏目。

《科海趣闻录》(创刊号)

1988 年 11 月创刊,月刊
16 开 32 页,定价:0.95 元
编辑出版者:《科海趣闻录》杂志社
国内统一刊号:CN22-1164

科普期刊。设"警世新录""世间一隅""四海奇谈""你信不信""史潭垂钓""有问必答"等栏目。

故纸藏珍——期刊创刊号欣赏

《中国优生画刊》(创刊号)

1989年1月创刊,双月刊
16开32页,定价:0.70元
主办者:中国计划生育协会
编辑者:《中国优生画刊》编辑部
出版者:中国优生画刊社
国内统一刊号:CN33-1138

　　普及优生、优育、优教知识的通俗性科普画刊。设"优生之道""遗传奥秘""孕妇之友""社会一隅""读者知心人"等栏目。

《新产品世界》(创刊号)

1990年9月创刊,月刊
8开96页,定价:8.00元
编辑者:《新产品世界》编辑部
出版者:中国科学技术情报研究所
　　　　美国国际数据集团
国际标准刊号:ISSN1001-7984
国内统一刊号:CN11-2736

　　楚图南、邹家华、周光召等题写贺词。中美合办的大型综合性科技期刊。设"产品要览""综合简讯""图片新闻"等栏目。

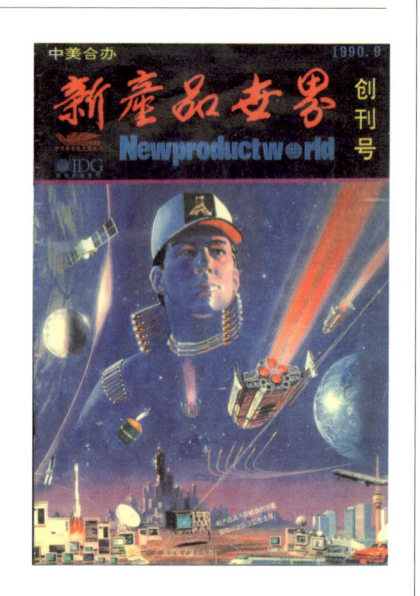

《中国建设动态》(创刊号)

1994年10月创刊,月刊
16开64页,定价:4.00元
主办者:中华人民共和国建设部办公厅
　　　　建设部信息中心
编辑出版者:《中国建设动态》编辑部
国内统一刊号:CN11-3547/TU

　　建设政务信息期刊。设"建筑业管理""城市规划"等栏目。

《大众软件》(创刊号)

1995年8月创刊,月刊
16开64页,定价:4.80元
主办者:中国科学技术情报学会
　　　　北京前导软件有限公司
编辑出版者:《大众软件》杂志社
国际标准刊号:ISSN1007-0060
国内统一刊号:CN11-3751/TN

　　国内第一家集电脑应用与娱乐于一体的科普杂志。随刊销售软盘。设"实用知识""导购指南""攻略大全""攻关秘技""游戏剧场"等栏目。

故纸藏珍——期刊创刊号欣赏

《学电脑》(创刊号)

1999年1月创刊,月刊
16开98页,定价:16.00元
主办者:人民邮电出版社
编辑出版者:《学电脑》编辑部
国内统一刊号:CN11-3947/TP
国际标准刊号:ISSN1008-1356

　　承诺无痛苦学电脑的期刊。设"比尔·盖茨专栏""特别策划""电子书评""新软件""GAME时间"等栏目。

《航空世界》(创刊号)

1999年9月创刊,月刊
16开48页,定价:4.50元
主办者:中国航空工业总公司第六二八研究所
出版者:《航空世界》杂志社
国际标准刊号:ISSN1002-6592
国内统一刊号:CN11-2531/V

　　科普期刊。设"新机发展""航空史话""读者园地"等栏目。

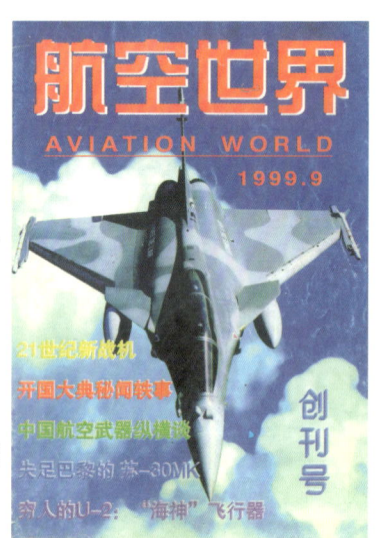

第三部分 医药、健康类期刊

故纸藏珍——期刊创刊号欣赏

《国外医学动态》(创刊号)

1960年1月创刊,月刊
16开36页,定价:0.23元(内部刊物)
编辑出版者:中国科学技术情报研究所

综合性报告国外医学动态的期刊。设"综论""新技术""会议导报"三个栏目。

《针灸杂志》(创刊号)

1965年11月创刊,季刊
16开48页,定价:0.36元
编辑者:中医杂志编辑委员会
出版者:学术期刊出版社

旨在交流针灸临床经验,传播针灸临床和理论知识,开展学术争鸣,促进科学研究。设"临床报导""讲座""机制研究"三个栏目。

《赤脚医生杂志》(创刊号)

1973年3月创刊,季刊
16开48页,定价:0.18元
编辑者:《赤脚医生杂志》编辑组
出版者:人民卫生出版社

综合性中级医药卫生专业期刊。设"讲座""经验交流""病案讨论""名词解释""问题解答"等栏目。

《上海中医药杂志》(复刊号)

1978年11月出版,双月刊
16开48页,定价:0.30元
主办者:上海中医学院 上海中医学会
编辑出版者:上海中医药杂志编辑室

创刊于1955年,1966年停刊。沈雁冰题写刊名。不设栏目。

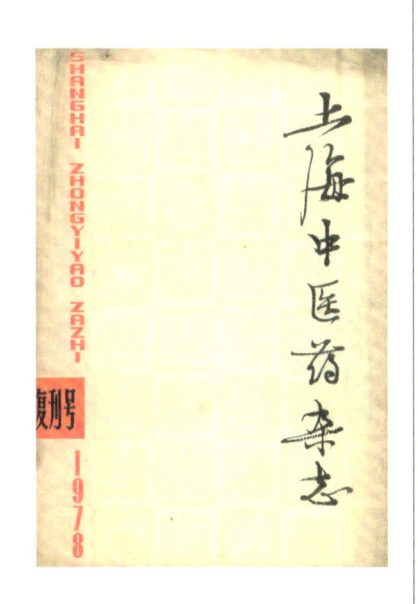

《中医文摘》(第 4 卷,第 1 期)

1980 年 4 月出版,双月刊
16 开 48 页,定价:0.30 元
编辑者:《中医文摘》编辑组
出版者:中医研究院情报研究室

  1960 年为第 1 卷,1964 年为第 2 卷,1965 年为第 3 卷,1980 年为第 4 卷。不设栏目。

《中医教育》(创刊号)

1982 年创刊,季刊
16 开 56 页,定价:0.30 元(内部发行)
主办者:北京中医学院
编辑者:《中医教育》编辑部

  综合性中医教育科学研究期刊。设"古代中医教育""近代中医教育""教学经验交流""自学辅导"等栏目。

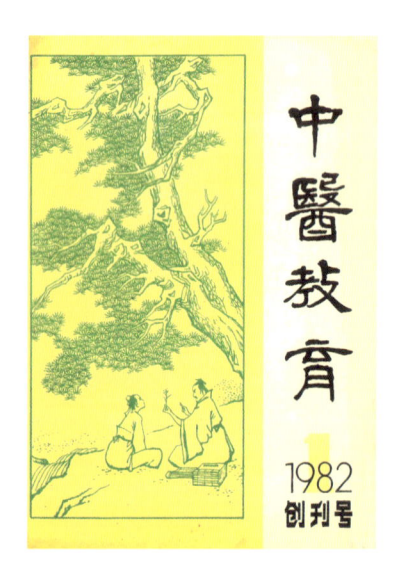

《抗衰老》(创刊号)

1983年9月创刊,刊期不详
16开32页,定价:0.26元
编辑者:《老年学杂志》编辑部
出版者:吉林省卫生厅老年病防治研究
　　　　办公室
吉林省报刊登记证第420号

　　贺建国撰文祝贺。围绕抗衰老的方方面面向读者奉献科学性、知识性、趣味性和实用性的科普资料。设"老因探索""饮食集锦""生活经纬""疾病防治""杂谈琐论"等栏目。

《光明中医骨伤科杂志》(创刊号)

1985年5月创刊,季刊
16开60页,定价:0.80元
编辑者:光明中医骨伤科杂志编辑委员会
　　　　广西壮族自治区人民医院中医骨
　　　　伤科研究室
出版者:光明中医骨伤科杂志编辑部
广西报刊登记证第294号

　　中医骨伤科专科学术期刊。设"论著""继承""学术探讨""学习园地""学科信息"等栏目。

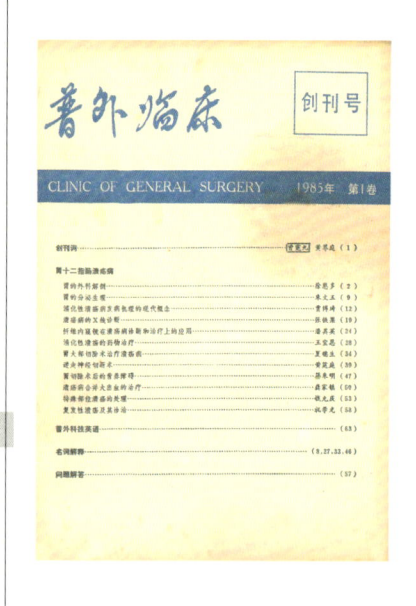

《普外临床》(创刊号)

1985年11月创刊,双月刊
16开64页,定价:0.70元
编辑者:普外临床杂志编辑委员会
出版者:普外临床杂志
北京市期刊登记证第1284号

　　曾宪九、黄萃庭撰写创刊词。旨在通过刊物提高普通外科医生的理论和技术水平,以促进普通外科专业的发展。设"胃十二指肠溃疡病""普外科技英语""名词解释""问题解答"等栏目。

《中医药图书情报工作》(创刊号)

1985年11月创刊,不定期
16开68页,定价:0.50元
主办者:全国中医药图书情报工作协作委员会
编辑者:《中医药图书情报工作》杂志编辑部
出版者:中国中医研究院图书情报中心

　　薛清录撰写发刊词,董建华、叶桔泉、程莘农等题写贺词。设"经验交流""中医古籍整理问题""消息动态"等栏目。

《河北中医学院学报》(创刊号)

1986年9月创刊,季刊
16开48页,定价:0.40元
编辑出版者:河北中医学院学报编辑部
冀出内字第1043号

　　中医药学术性期刊。设"中医理论与临床""现代医学研究""教学科研动态"等栏目。

《医疗装备》(创刊号)

1987年创刊,双月刊
16开32页,内部刊物
主办者:中国医疗卫生器材进出口公司
　　　　北京医疗器械研究所
编辑出版者:《医疗装备》杂志社
报刊临时登记证:(BJ)第1407号

　　以提高为主、兼顾普及的学术性期刊。设"新产品新技术""使用与维修"等栏目。

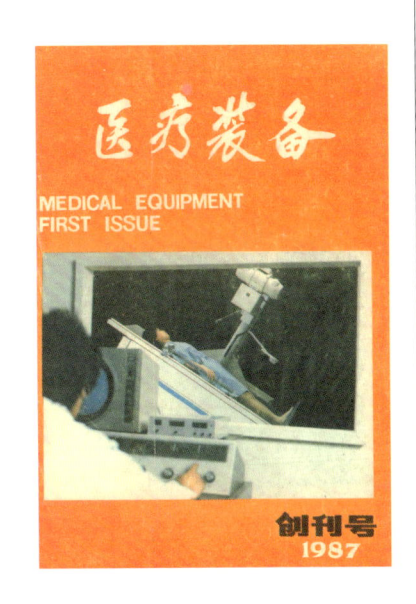

《健康指南》(创刊号)

1988年7月创刊,季刊
16开52页,定价:0.79元
编辑者:健康指南编辑部
出版者:健康指南杂志社 全国老干部健康指导委员会
北京市期刊登记证第1758号

宋平题写刊名,王首道、宋任穷等题写贺词。设"气功养生""营养健康""读者信箱""健与美""百花园"等栏目。

第四部分　文学类期刊

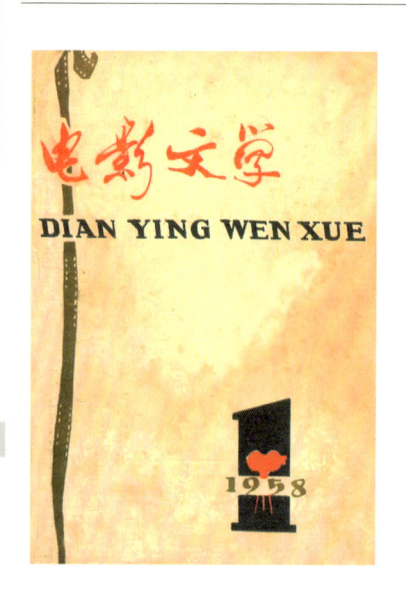

《电影文学》(创刊号)

1958年10月创刊,月刊
16开58页,定价:0.30元
编辑出版者:长春电影制片厂总编辑室

　　旨在争取广大群众关心电影艺术创作,及时得到群众的帮助和督促。创刊号刊登"风从东方来""百舸争流""钢珠飞车"三个电影文学剧本。

《文艺红旗》(特大号,总第47期)

1959年5月出版,月刊
16开88页,定价:0.25元
编辑出版者:文艺红旗月刊社

　　原《处女地》。每月一个主题,如5月纪念"五四"四十周年、6月北大荒特辑等。设"长篇连载""小说·特写·散文""诗歌""习作者之友"等栏目。

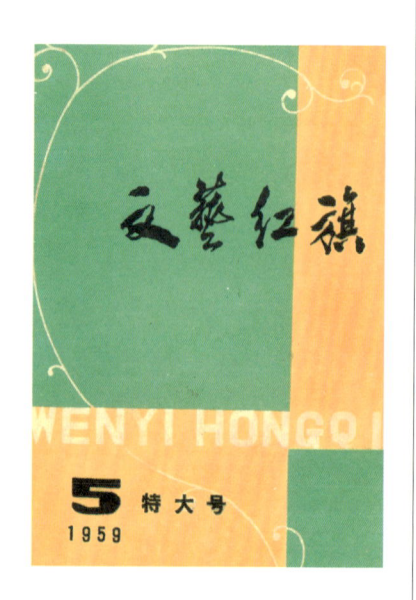

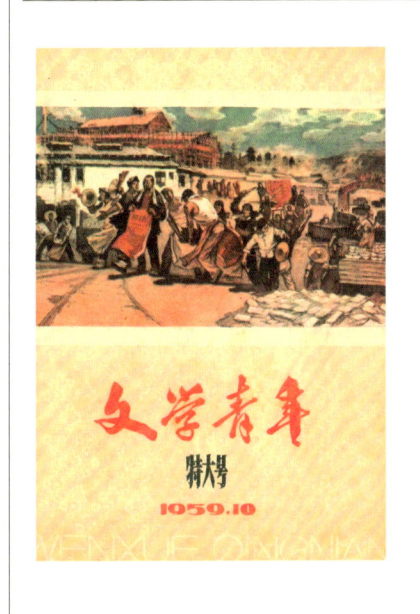

《文学青年》(特大号,总第22期)

1959年10月出版,月刊
16开80页,定价:0.18元
编辑出版者:中国作家协会沈阳分会
　　　　　文学青年社

　　庆祝建国十周年专刊。设"小说·散文·特写""大家谈提高""评论""剧本"等栏目。

《峨眉》(创刊号)

1959年10月创刊,月刊
16开84页,定价:0.20元
编辑者:峨眉文学月刊编委会
出版者:四川人民出版社

　　文学期刊。设"激流篇""文学窗"等栏目。

故纸藏珍——期刊创刊号欣赏

《人民文学》(复刊号)

1976年1月出版,月刊
16开128页,定价:0.42元
编辑者:人民文学编辑委员会
出版者:人民文学出版社

  创刊于1949年10月,至1966年6月停刊,共出版198期。新中国第一份文学期刊。设"各地作品转载""文艺短论"等栏目。

《新文学史料》(创刊号)

1978年创刊,季刊
16开268页,定价:1.10元(内部发行)
编辑者:《新文学史料》丛刊编辑组
出版者:人民文学出版社
书号:10019·2714

  以发表"五四"以来我国作家的回忆录、传记为主的丛刊。设"回忆录""访问记""鲁迅研究""作家资料""中国戏剧运动""轶闻轶事"等栏目。

—102—

《十月》(创刊号)

1978年8月创刊,刊期不详
16开272页,定价:1.00元
编辑出版者:北京出版社
书号:10071·226

  以发表新创作的作品为主的综合性文艺丛书。刊名命名缘由为"十月"在人类历史上闪耀着异常灿烂的光辉。设"作者笔谈""学习与借鉴"等栏目。

《收获》(复刊号,总第15期)

1979年出版,双月刊
16开256页,定价:0.95元
编辑者:收获编辑委员会
出版者:上海文艺出版社
统一书号:10078·3016

  创刊于1957年7月,1966年5月停刊。设"长篇小说""电影文学剧本""评论""创作回忆录"等栏目。

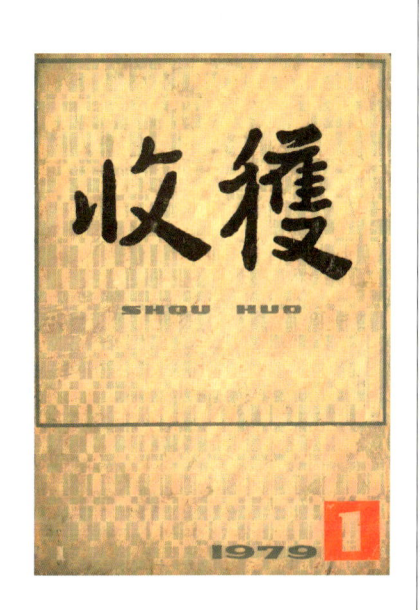

故纸藏珍——期刊创刊号欣赏

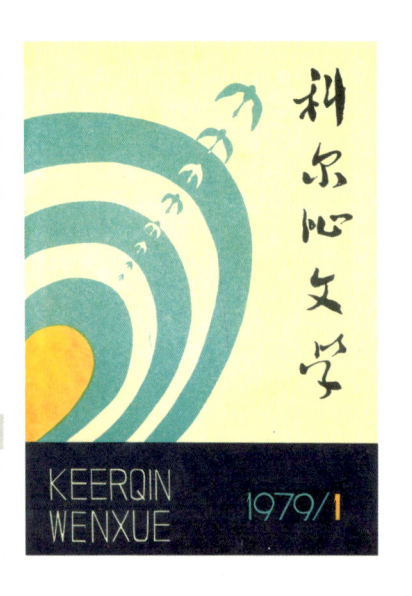

《科尔沁文学》(创刊号)

1979年1月创刊,季刊
16开96页,定价:0.25元
编辑出版者:《科尔沁文学》编辑部

  综合性文学期刊。设"小说""散文""评论""诗歌""美术"等栏目。

《科学文艺》(创刊号)

1979年5月创刊,刊期不详
16开112页,定价:0.50元
编辑者:四川省科普创作协会《科学文艺》
   编辑部
出版者:四川人民出版社
书号:10118·156

  马识途撰写代发刊词。不设栏目。

—104—

《长城》(创刊号)

1979年6月创刊,不定期
16开336页,定价:1.20元
主办者:中国作家协会河北分会
编辑出版者:长城文学丛刊编辑部

　　以发表中长篇大型作品为主的文学期刊。设"小说""剧本""诗歌""评论""文苑史话"等栏目。

《清明》(创刊号)

1979年7月创刊,刊期不详
16开272页,定价:1.00元
主办者:中国作家协会安徽分会
编辑者:《清明》编辑部
出版者:安徽人民出版社

　　茅盾题写刊名。不设栏目。

故纸藏珍——期刊创刊号欣赏

《当代》(创刊号)

1979年7月创刊，季刊
16开320页，定价：1.15元
编辑出版者：人民文学出版社
书号：10019·2809

1981年改为双月刊。设"剧本""短篇小说""诗歌""文艺论坛"等栏目。

《这一代》(创刊号)

1979年11月创刊，季刊
16开96页，定价：0.45元
编辑者：武汉大学中文系《珞珈山》编辑部

全国十三所大学中文系、新闻系的学生用轮流主编的方式联合创办的文艺期刊。不设栏目。

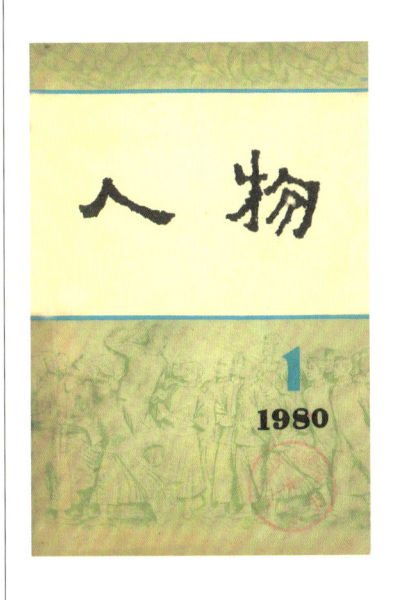

《人物》(第一辑)

1980年1月出版,不定期
32开192页,定价:0.50元
编辑者:《人物》编辑部
出版者:生活·读书·新知三联书店
书号:17002·35

　　介绍古今中外各类人物。设"访问记""怀念集""亲历记""书信日记""杂谈随笔""滴水集"等栏目。

《词刊》(创刊号)

1980年1月创刊,月刊
32开64页,定价:0.15元
主办者:中国音乐家协会
编辑者:《词刊》编辑部
出版者:人民音乐出版社

　　郭沫若题写刊名,晓星撰写代发刊词。设"专题研究""评论""名作鉴赏"等栏目。

《苏联文学》(创刊号)

1980年2月创刊,季刊
16开160页,定价:0.70元
主办者:北京师范大学
编辑者:苏联文学编辑部
出版者:中国社会科学出版社

　　茅盾题词祝贺。以介绍和研究苏联文学为内容的文学期刊。不设栏目。

《文学遗产》(复刊号)

1980年6月出版,季刊
16开160页,定价:0.80元
编辑者:文学遗产编辑部
出版者:中华书局
统一书号:10018·456

　　创刊于1954年,1966年停刊。古典文学研究专业学术期刊。读者对象为古典文学研究者和教学工作者。不设栏目。

《当代外国文学》(创刊号)

1980年7月创刊,季刊
16开160页,定价:0.78元
编辑者:《当代外国文学》编辑部
出版者:南京大学外国文学研究所

　　学术性文学期刊。设"中短篇小说""剧本"等栏目。

《星火燎原》(第一辑)

1980年8月出版,不定期
16开128页,定价:0.50元
编辑出版者:战士出版社
书号:10185·8

　　刊登革命回忆录的丛刊。不设栏目。

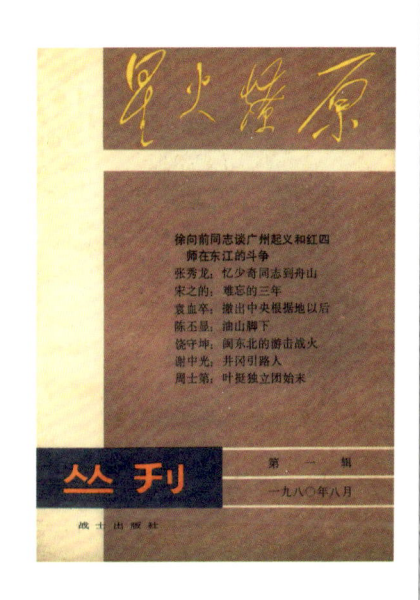

故纸藏珍——期刊创刊号欣赏

《杜鹃》(创刊号)

1980年10月创刊,刊期不详
16开64页,定价:0.25元
编辑出版者:丹东市文联《杜鹃》编辑部

原《鸭绿江》。吕永太题写刊名。设"小说·散文·童话""诗歌""评论随笔"等栏目。

《小说选刊》(创刊号)

1980年10月创刊,月刊
16开80页,定价:0.36元
编辑出版者:人民文学杂志社

茅盾撰写发刊词并题写刊名,唐弢、冯牧、刘白羽、严文井等撰文祝贺。不设栏目。

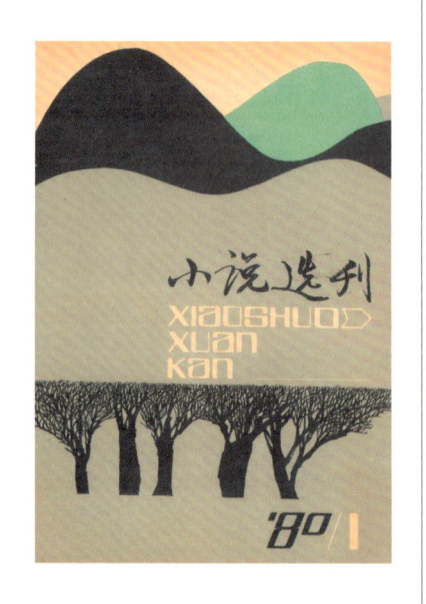

—110—

《当代文学研究丛刊》(创刊号)

1980年12月创刊,半年刊
16开224页,定价:1.20元
主办者:中国当代文学研究会
出版者:中国社会科学出版社
统一书号:10190·037

茅盾题写刊名,冯牧撰写代发刊词。学术性期刊。设"新时期文学述评""当代作家和作品研究""当代文艺思潮探讨"等栏目。

《外国小说报》(第一辑)

1981年1月出版,月刊
16开96页,定价:0.49元
编辑者:《外国小说报》编辑部
出版者:辽宁人民出版社
书号:10090·296

程与天题写刊名。不设栏目。

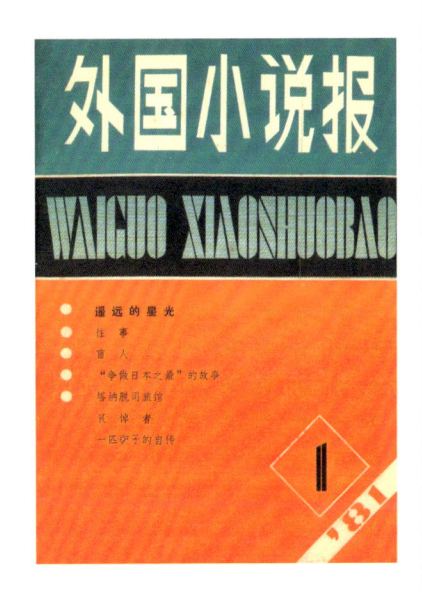

《儿童文学选刊》(创刊号)

1981年3月创刊,刊期不详
16开80页,定价:0.36元
编辑者:儿童文学选刊编辑部
出版者:少年儿童出版社
统一书号:R10024·3848

儿童文学期刊。设"小说""散文""诗歌""童话"等栏目。

《青年作家》(创刊号)

1981年4月创刊,月刊
16开88页,定价:0.36元
编辑出版者:青年作家文学月刊社
期刊登记号:087

巴金撰文祝贺。设"小说""文学新地""争鸣园地""海外近作""散文""诗歌""电影文学剧本""短论与随笔"等栏目。

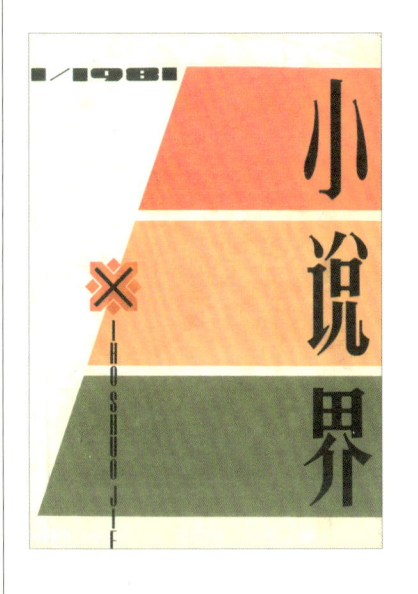

《小说界》(创刊号)

1981年5月创刊,双月刊
16开256页,定价:1.00元
编辑出版者:上海文艺出版社
书号:10078·3248

秉承以多样化的小说体裁展现当代的文学中国的办刊特色。设"中篇小说""短篇小说""微型小说""现代小说""外国小说""小说论丛"等栏目。

《花城译作》(第一辑)

1981年6月出版,刊期不详
16开96页,定价:0.58元
出版者:花城出版社
书号:10261·23

《花城》增刊。陈残云撰文祝贺。以刊登短篇作品为主。不设栏目。

故纸藏珍——期刊创刊号欣赏

《译海》(创刊号)

1981年6月创刊,刊期不详
16开210页,定价:1.10元
出版者:广东人民出版社
书号:10111·1338
广东省期刊丛刊登记证第23号

戴镏龄撰文祝贺。旨在推荐部分外国文学作品、介绍外国文学流派、促进中外文化交流,为广大翻译工作者提供发表译作的园地。设"外国文学名著改写""外国诗选""海外归鸿"等栏目。

《小说林》(改刊号)

1981年10月出版,月刊
16开80页,定价:0.35元
编辑者:《小说林》编辑部
出版者:哈尔滨文艺杂志社
黑龙江省期刊登记证第029号

原《哈尔滨文艺》。设"短篇小说""超短篇小说""评论"等栏目。

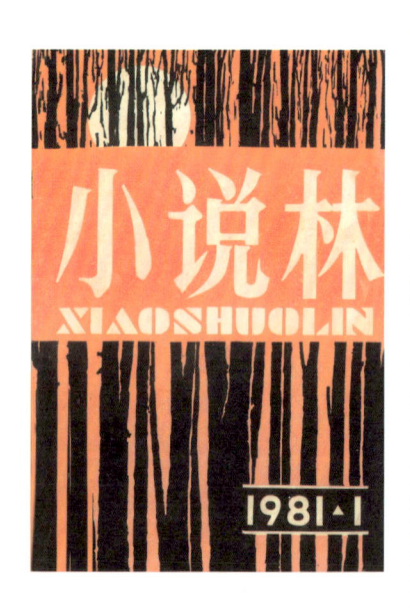

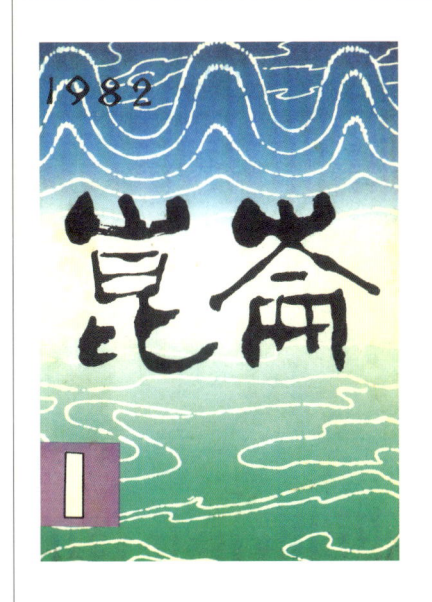

《昆仑》(创刊号)

1982年3月创刊,季刊
16开224页,定价:1.00元
编辑者:昆仑编辑部
出版者:昆仑出版社
书号:10282·001
北京市期刊登记证第928号

　　大型综合性文学期刊。以发表军事题材文学作品为主。设"长篇小说""中篇小说""短篇小说""散文·报告文学""诗歌""评论""杂感·短论"等栏目。

《东方少年》(创刊号)

1982年5月创刊,季刊
16开96页,定价:0.40元
编辑者:《东方少年》编辑部
出版者:北京出版社
书号:10071·416

　　叶圣陶撰写代发刊词,周建人、高士其、张天翼、严文井、孙敬修、陈伯吹等撰文祝贺或题写贺词。大型少年儿童文学丛刊。设"小说""童话·寓言""散文""诗歌""外国文学""作家作品评介""作文评改"等栏目。

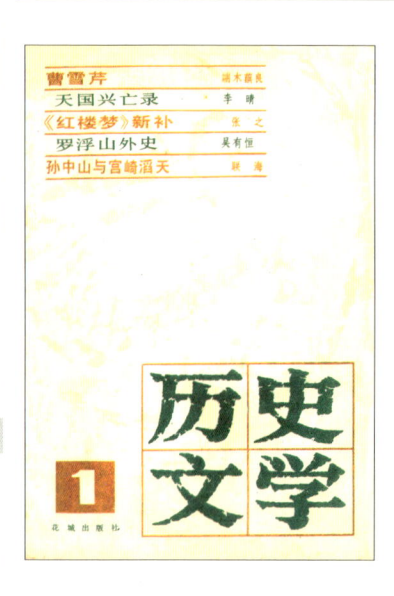

《历史文学》(第一辑)

1983年出版,不定期
16开220页,定价:1.20元
编辑出版者:花城出版社
书号:10261·339

  吴有恒撰写发刊词。设"长篇选载""电影文学""评论""随笔"等栏目。

《青年诗坛》(创刊号)

1983年创刊,双月刊
16开64页,定价:0.40元
编辑者:《青年诗坛》编辑部
出版者:花城出版社
书号:10261·280
广东省期刊(丛刊)登记证18号

  文学期刊。设"同青春一起行进""喧腾的海洋""初扬的诗帆""遥远的风""待开的蓓蕾"等栏目。

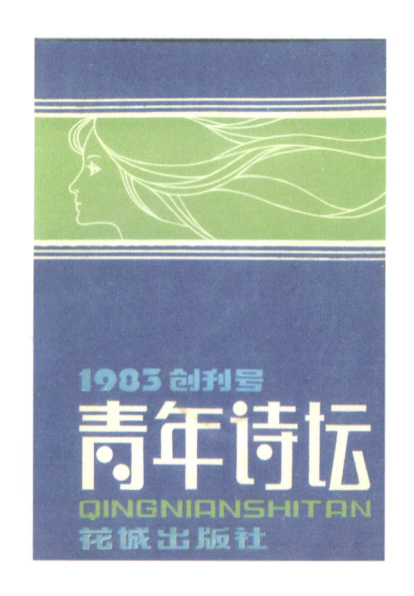

《青春》(创刊号)

1983年7月创刊,刊期不详
16开240页,定价:1.00元
编辑出版者:《青春》编辑部
江苏省期刊登记证第0104号

　　张光年、冯牧、王蒙等题写贺词。设"小说新潮""人生的三月""新松恨不高千尺"等栏目。

《传记文学》(创刊号)

1984年创刊,刊期不详
16开192页,定价:1.10元
主办者:中国艺术研究院
编辑者:传记文学编辑部
出版者:文化艺术出版社
统一书号:10228·090

　　林默涵撰写代发刊词。设"传记""回忆录""欣赏与借鉴""传记创作研究"等栏目。

《故事精选》(创刊号)

1984年创刊,刊期不详
32开64页,定价:0.25元
主办者:中国民间文艺研究会山西分会
编辑者:故事精选编辑部
山西省期刊登记证第94号

　　文摘类期刊。设"武林故事""民间故事""民俗故事""笑话故事""古代文人故事"等栏目。

《江城短篇小说》(改刊号)

1984年出版,月刊
16开64页,定价:0.35元
编辑者:《江城短篇小说》月刊编辑部
出版者:《江城短篇小说》月刊社
吉林省报刊登记证第37号

　　原《江城》。萧军、臧克家、蒋子龙题写贺词。设"篇外语""月偏食""短中短""创作论坛""小说讲座"等栏目。

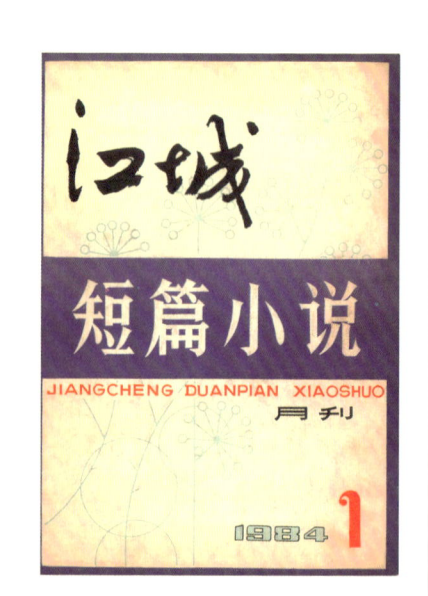

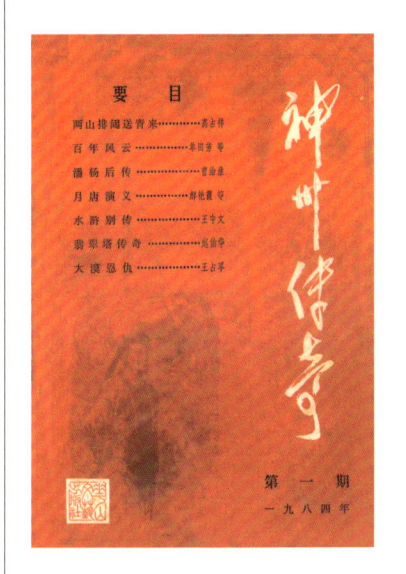

《神州传奇》(第1期)

1984年8月出版,不定期
16开288页,定价:1.60元
编辑出版者:花山文艺出版社
统一书号:10286·141

　　安耀光题写刊名,高占祥撰文祝贺。不设栏目。

《翻译文学选刊》(创刊号)

1984年9月创刊,双月刊
16开192页,定价:1.00元
编辑出版者:陕西人民出版社
统一书号:10094·566
陕西省期刊登记证第151号

　　综合性大型外国文学期刊。设"报告文学""中篇小说""电影剧本""短篇小说""评论"等栏目。

故纸藏珍——期刊创刊号欣赏

《文学大选》(创刊号)

1984年10月创刊,双月刊
16开212页,定价:1.00元
编辑出版者:陕西人民出版社
陕西省期刊登记证第145号

　　文学期刊。设"评论""中篇小说""短篇小说""报告文学""散文""诗歌"等栏目。

《中国微型小说选刊》(创刊号)

1984年10月创刊,双月刊
32开72页,定价:0.26元
编辑者:中国微型小说选刊编辑部
出版者:江西人民出版社

　　冯牧、叶君健、管桦题写贺词。设"开拓者""风采新录""爱的花瓣""人生旅途""带刺的玫瑰""笔谈会"等栏目。

《传奇·传记文学选刊》(第一辑)

1984年11月出版,双月刊
16开192页,定价:1.15元
编辑者:《传奇·传记文学选刊》编辑部
安徽省报刊登记证第33号

　　《清明》增刊。刘夜峰题写刊名。设"文学传记""长篇传奇""中篇传奇""侦破惊险小说""武林志"等栏目。

《传奇故事》(创刊号)

1984年12月创刊,双月刊
16开96页,定价:0.55元
编辑出版者:传奇故事编辑部
期刊登记:豫刊证字110号

　　强调作品的传奇性。不设栏目。

故纸藏珍——期刊创刊号欣赏

《名人传记》(创刊号)

1985年创刊,双月刊
16开160页,定价:0.90元
编辑者:《名人传记》编辑部
出版者:黄河文艺出版社
豫刊证字第088号

　　许德珩、朱学范、许世友、姚雪垠等题写贺词,于友先撰写代发刊词。设"艺坛天使""名人剪影"等栏目。

《当代诗歌》(创刊号)

1985年创刊,月刊
16开64页,定价:0.40元
编辑出版者:当代诗歌月刊社

　　文学期刊。设"诗坛在看着您升起""诗鹰从这里起飞"等栏目。

《水晶石》(创刊号)

1985年创刊,月刊
16开48页,内部刊物
编辑者:《水晶石》编辑部

公安系统文学期刊。不设栏目。

《人间》(创刊号)

1985年创刊,双月刊
16开192页,定价:1.20元
编辑出版者:黑龙江人民出版社
黑龙江省期刊登记证第028号

原《北疆》。专门刊登小说与传记。不设栏目。

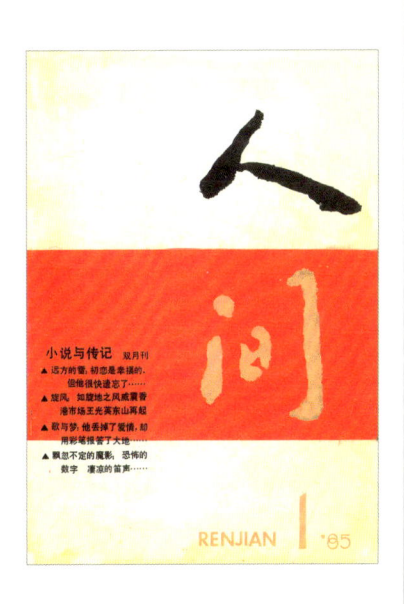

故纸藏珍——期刊创刊号欣赏

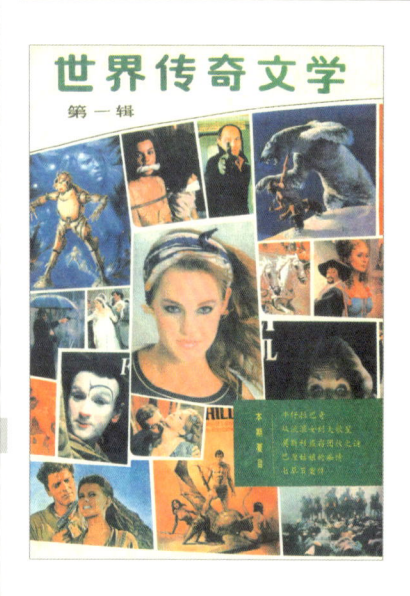

《世界传奇文学》(第一辑)

1985年出版,双月刊
16开224页,定价:1.60元
编辑出版者:长江文艺出版社
　　　　　《世界传奇文学》编辑部
统一书号:10107·434

　　季羡林、杨周翰、王佐良、钟敬文等题写贺词。大众外国文学期刊。设"长篇""中篇""短篇""微型""讽刺""幽默""中国作家谈"等栏目。

《人间》(创刊号)

1985年创刊,双月刊
16开64页,定价:0.48元
编辑者:人间文学编辑部
出版者:湖南省娄底地区文联
湖南省报刊登记证第200号

　　文学期刊。设"小说""传记·散文""评论""诗歌"等栏目。

—124—

《文学大观》(创刊号)

1985年创刊,刊期不详
16开96页,定价:0.55元
编辑出版者:《文学大观》编辑部
辽宁省期刊登记证第180号

　　聘请多位工商企业家、改革的闯将、创业的先锋担任顾问。设"报告文学""争鸣窗口""玫瑰园"等栏目。

《中国》(创刊号)

1985年1月创刊,双月刊
16开256页,定价:1.60元
编辑出版者:文化艺术出版社
书号:10228·141

　　丁玲、舒群任主编。不设栏目。

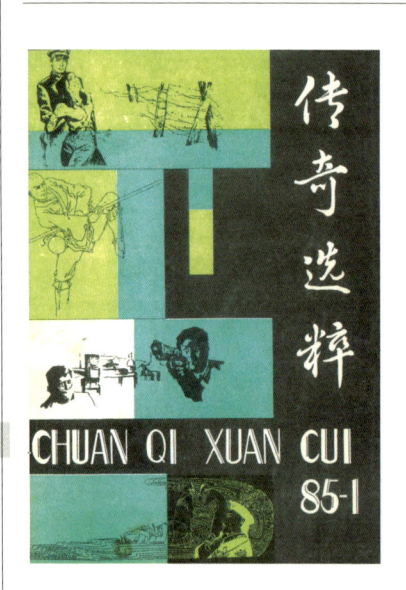

《传奇选粹》(第一辑)

1985年1月出版,刊期不详
16开152页,定价:1.00元
编辑者:《传奇选粹》选编组
出版者:湖南人民出版社
统一书号:10109·1830

文学期刊。不设栏目。

《文艺奇观·惊险与传奇》(创刊号)

1985年1月创刊,不定期
16开32页,定价:0.30元
编辑者:《文艺奇观》编辑部
出版者:《春风》文学月刊社
吉林省报刊试刊许可证第1号

通俗文学期刊。不设栏目。

《传奇文学选刊》(创刊号)

1985年1月创刊,月刊
16开80页,定价:0.45元
主办者:河南省文联
编辑出版者:《传奇文学选刊》杂志社
河南省期刊登记证第096号

　　黄钟骏题写刊名。设"古今传奇""海外传奇""故事会"等栏目。

《追求》(创刊号)

1985年2月创刊,刊期不详
16开96页,定价:0.68元
编辑者:《追求》编辑部
出版者:中国青年出版社
书号:7009·317

　　李铎题写刊名。设"标新立异""文学导游""万家灯火"等栏目。

故纸藏珍——期刊创刊号欣赏

《小说周报》(创刊号)

1985年2月创刊,周刊
16开32页,定价:0.25元
编辑者:《小说周报》编辑部
出版者:山东文艺出版社
书号:10331·118

　　冯牧、萧军、姚雪垠题写贺词,延泽民撰文祝贺。国内第一家周刊性的文学期刊。设"短篇广场""中长连载""作家剪影""域外小说"等栏目。

《中国作家》(第1期)

1985年2月出版,双月刊
16开240页,定价:1.25元
编辑者:中国作家编辑部
出版者:作家出版社
北京市期刊登记证第1168号

　　冯牧任主编。设"中篇小说""作家写作家""文学对话"等栏目。

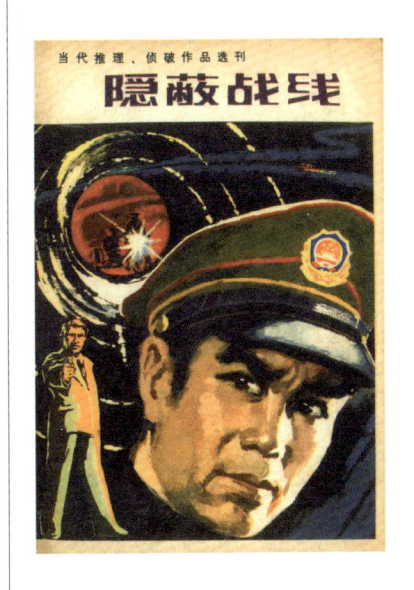

《隐蔽战线》(第一辑)

1985年3月出版,刊期不详
16开128页,定价:0.95元
编辑者:《隐蔽战线》编辑部
出版者:长江文艺出版社
统一书号:10107·439

刊登推理、侦破小说。不设栏目。

《连载小说选刊》(创刊号)

1985年3月创刊,季刊
16开192页,定价:1.20元
编辑者:《连载小说选刊》编辑部
出版者:上海解放日报社
沪报刊登记证068号

韩天衡题写刊名。不设栏目。

故纸藏珍——期刊创刊号欣赏

《人世间》(创刊号)

1985年4月创刊,月刊
16开80页,定价:0.56元
编辑者:《人世间》编辑部
出版者:重庆出版社
四川省期刊登记证第086号

综合性文学期刊。从第2期改名为《人间》。不设栏目。

《现代人》(创刊号)

1985年7月创刊,双月刊
16开208页,定价:1.25元
主办者:青海省文学艺术研究所
编辑出版者:现代人杂志社
青海省期刊登记证第32号

巴金、丁玲、艾青、冯牧、杜鹏程、王蒙等题写贺词或撰文祝贺。设"现代人论坛""小说之部""诗歌之页""散文与报告文学"等栏目。

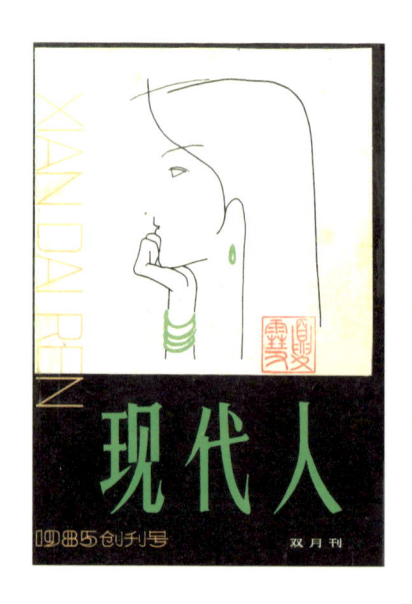

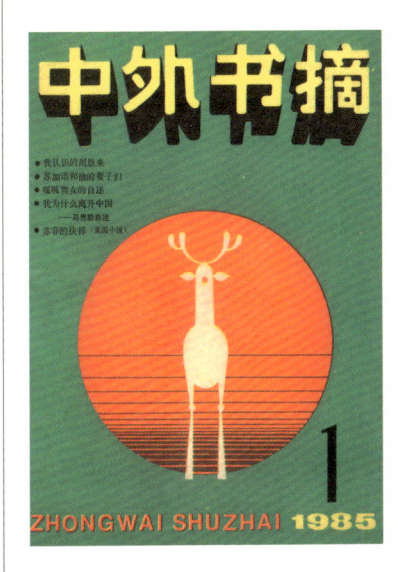

《中外书摘》(创刊号)

1985年7月创刊,刊期不详
16开128页,定价:0.98元
编辑者:《书林》杂志编辑部
出版者:上海人民出版社
书号:17074·16

　　文学期刊。设"人物传记""文史趣闻""旧书摊"等栏目。

《警笛》(创刊号)

1985年8月创刊,刊期不详
16开96页,定价:0.85元
编辑者:《警笛》编辑部
出版者:光明日报出版社
书号:10263·062

　　法制综合性文艺丛刊。设"明镜颂""古案新编""律师手记"等栏目。

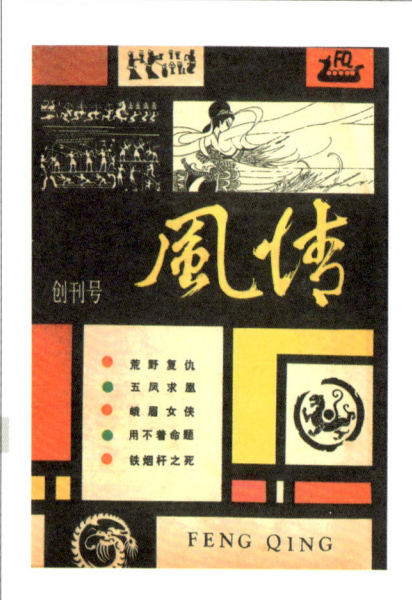

《风情》(创刊号)

1985年10月创刊,刊期不详
16开176页,定价:1.46元
编辑者:《风情》编辑部
出版者:风情杂志社
湖北省期刊登记证第308号

　　陈东成撰文祝贺。以反映风俗人情为主要特色的通俗文学期刊。不设栏目。

《中国故事》(创刊号)

1985年11月创刊,双月刊
16开160页,定价:1.50元
编辑出版者:《中国故事》编辑部
湖北省报刊登记证第321号

　　原《中国故事选刊》(共出版4期)。不设栏目。

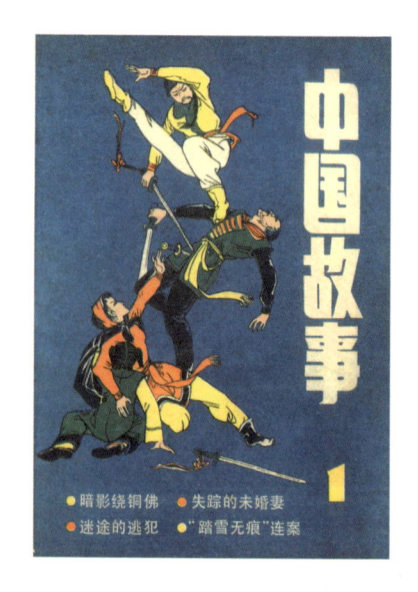

《美人鱼》(复刊号)

1986年出版,刊期不详
16开56页,定价:0.48元
编辑出版者:美人鱼编辑部
广西期刊登记证第308号

　　文学期刊。设"大千世界""爱的诗笺""域外风情""海角随笔"等栏目。

《当代诗词》(复刊号,总第6期)

1986年1月出版,季刊
32开144页,定价:0.95元
主办者:广东诗词学会
编辑者:广州诗社
出版者:花城出版社
书号:10261·752

　　创刊于1981年,1983年停刊。内文竖排。设"风骚揽胜""韵里江山""域外吟坛""逸响遗音""雏凤新声"等栏目。

故纸藏珍——期刊创刊号欣赏

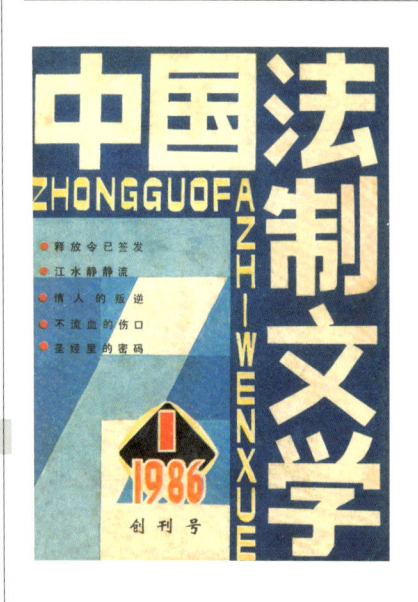

《中国法制文学》(创刊号)

1986年2月创刊,双月刊
16开80页,定价:0.75元
主办者:中国法制报社
编辑出版者:《中国法制文学》编辑部
北京市期刊登记证第1312号

文学期刊。不设栏目。

《华人世界》(创刊号)

1986年4月创刊,双月刊
16开160页,定价:1.50元
编辑者:《华人世界》编辑部
出版者:人民文学出版社
河北省期刊登记证第172号

刘海粟题写刊名,艾青题写贺词。内文竖排。设"小说""作家·艺术家""散文""诗歌"等栏目。

—134—

《珠海》(创刊号)

1986年11月创刊,刊期不详
16开64页,定价:0.59元
编辑者:《珠海》杂志社
出版者:广东省珠海市文联
广东省期刊登记证第118号

　　冯牧、陈残云等题写贺词。设"海外霓虹""港澳百态""人生纵横"等栏目。

《东方纪事》(第1期)

1987年1月出版,刊期不详
16开240页,定价:2.00元
编辑出版者:江苏文艺出版社
书号:10141·1139

　　分小说卷和纪实卷。设"当代风云录""华夏游子谱""东方纵横谈"等栏目。

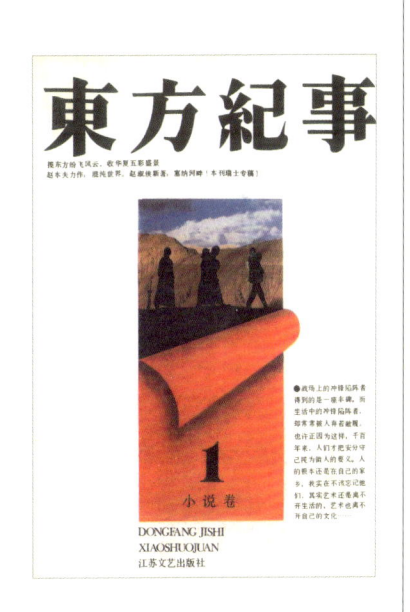

《百越民风》(创刊号)

1987年1月创刊,双月刊
16开56页,定价:0.48元
主办者:广西民间文学研究会
编辑出版者:《百越民风》杂志社
广西期刊登记证第357号

　　蓝鸿恩撰写发刊词。设"八桂谈古""风俗故事""歌林探胜"等栏目。

《中国建设文苑》(创刊号)

1987年8月创刊,双月刊
16开64页,定价:0.65元
编辑出版者:中国建设文苑编辑部
吉林省期刊登记证第149号

　　文学期刊。刊登《建筑》《建筑人》《城乡建筑》等建筑类期刊贺词。设"建设者""花圃""建设小百科""奇闻趣事"等栏目。

《海内外文学》(创刊号)

1988年创刊,双月刊
16开160页,定价:1.60元
编辑出版者:人民文学出版社
北京期刊登记证 CN11-1246

创刊号特编发台湾女作家专辑。设"长篇小说""散文诗歌""文苑漫笔"等栏目。

《漓江》(创刊号)

1988年2月创刊,季刊
16开224页,定价:2.15元
编辑出版者:漓江出版社
国内统一刊号:CN45-1063

冯牧、秦兆阳、严文井、从维熙等题写贺词。设"长篇小说新作""长篇章节选粹""中篇小说佳作""长篇小说短论""长篇小说研究""长篇新作梗概"等栏目。

故纸藏珍——期刊创刊号欣赏

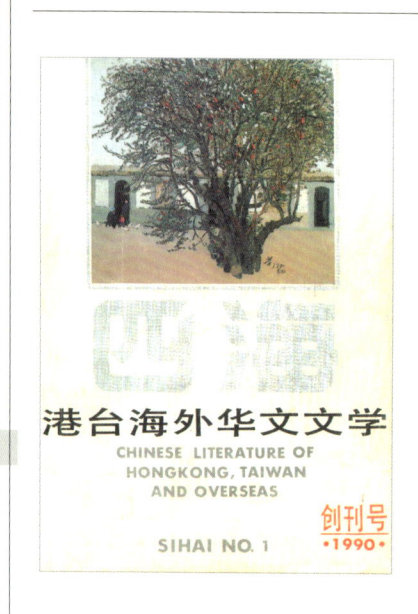

《四海——港台海外华文文学》
（创刊号）

1990年1月创刊，双月刊
16开164页，定价：3.90元
主办者：中国文联出版公司
编辑者：香港台湾与海外华文文学编委会
出版者：四海—港台海外华文文学杂志社
国内统一刊号：CN11-2655
国际标准刊号：ISSN1001-0165

  艾青、冰心、曹禺、秦牧、吴冠中、臧克家、叶君健等题写贺词。不设栏目。

《中流》（创刊号）

1990年1月出版，月刊
16开48页，定价：1.00元
编辑者：《中流》编辑部
出版者：光明日报社
国内统一刊号：CN11-2686

  李琦题写刊名。以发表文化、艺术和社会评论为主，兼登少量文艺作品的综合性文艺期刊。设"杂文""作品评论""报告文学"等栏目。

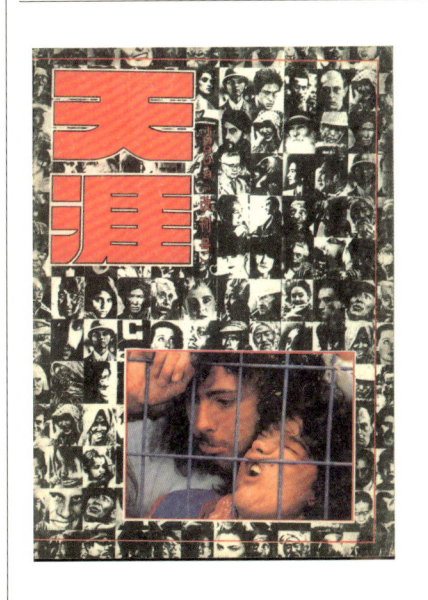

《天涯》(改刊号,总第73期)

1990年9月出版,月刊
16开80页,定价:2.40元
编辑出版者:天涯杂志社
国内统一刊号:CN46-1001

文学期刊。不设栏目。

《爱我中华》(创刊号)

1991年8月创刊,双月刊
16开96页,定价:2.90元
编辑者:《爱我中华》编辑部
出版者:《爱我中华》杂志社
国内统一刊号:CN34-1105

李德生、洪学智题写贺词。设"华夏英杰""人生之光""历史回眸""域外五彩梦"等栏目。

故纸藏珍——期刊创刊号欣赏

《巨人》(复刊号,总第 17 期)

1991 年 10 月出版,季刊
16 开 192 页,定价:2.90 元
编辑者:巨人编辑部
出版者:少年儿童出版社
书号:ISBN7-5324-1432-9/I·638

　　创刊于 1981 年的大型儿童文学创作丛刊。冰心、严文井、陈伯吹题写贺词。广告语"今天的孩子 明天的巨人"。设"中篇小说""电视剧本""中篇童话""叙事长诗""科幻小说""动物小说""传奇故事"等栏目。

《大路文学》(复刊号,总第 55 期)

1992 年出版,刊期不详
16 开 64 页,内部刊物
主办者:中国铁道建筑总公司文协
编辑者:《大路文学》编辑部
准印证号:Z2353-931026

　　原《红色突击队》《志在四方》。许世才题写刊名。设"小说""报告文学""美术摄影""文协活动"等栏目。

—140—

《大地》(创刊号)

1992年1月创刊,月刊
16开80页,定价:2.40元
编辑者:《大地》月刊编辑部
出版者:《大地》月刊社
国际标准刊号:ISSN1004-0587
国内统一刊号:CN11-2991/I

　　源于《人民日报》的文艺副刊。设"纪实文学""杂文随笔""诗林拾叶""芥末谭"等栏目。

《中华文学选刊》(创刊号)

1993年1月创刊,双月刊
16开192页,定价:3.80元
编辑出版者:人民文学出版社
国际标准刊号:ISSN1004-9215
国内统一刊号:CN11-3178/I

　　巴金、冰心、艾青、冯牧、萧乾、王蒙等题词祝贺。综合性大型文学期刊。设"报告文学""中、短篇小说""散文""诗歌""文坛信息"等栏目。

故纸藏珍——期刊创刊号欣赏

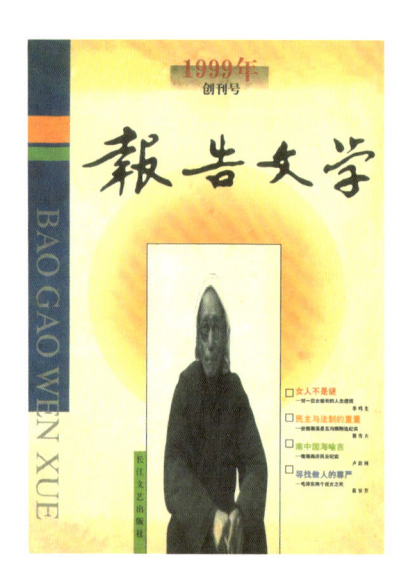

《报告文学》(创刊号)

1999年8月创刊,月刊
16开112页,定价:6.00元
编辑者:《报告文学》编辑部
出版者:长江文艺出版社
国际标准刊号:ISSN1005-9083
国内统一刊号:CN42-1029/I

　　徐刚、李鸣生、韩小蕙等题写贺词。设"名流风采""焦点时刻""世纪回放""旧作新读""佳作撷英"栏目。

第五部分　艺术类期刊

故纸藏珍——期刊创刊号欣赏

《歌词》(第1期)

1956年4月出版,刊期不详
32开28页,内部刊物
主办者:中国作家协会 中国音乐家协会

　　旨在给作曲家更多、更好的歌词。不设栏目。

《大众摄影》(创刊号)

1958年7月创刊,月刊
16开36页,定价:0.30元
编辑出版者:大众摄影杂志社

　　郭沫若题写刊名。为摄影大众服务的综合性摄影期刊。设"笔谈会""插页照片""摄影技术""信箱""漫画"等栏目。

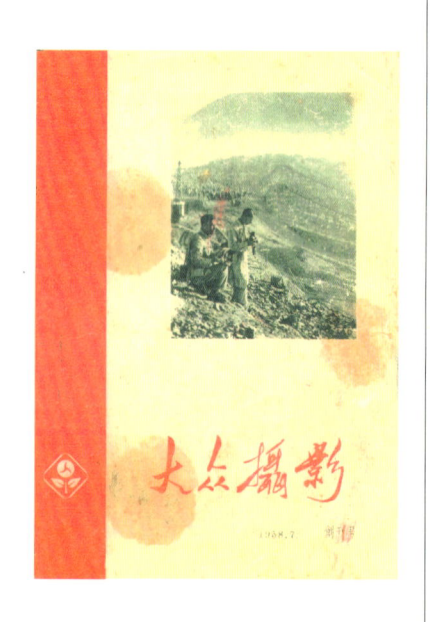

《戏剧战线》(创刊号)

1958年7月创刊,月刊
16开40页,定价:0.20元
编辑者:戏剧战线编委会
出版者:戏剧战线月刊社

　　以戏剧为主兼顾曲艺的大众化的通俗戏剧期刊。创刊号以戏剧表现现实生活的问题为重心,刊登了三个剧本和两个曲段。不设栏目。

《美术资料》(第一辑)

1973年5月出版,刊期不详
16开40页,定价:0.35元
编辑出版者:上海人民出版社
统一书号:8171·590

　　综合性、资料性的美术普及读物。设"画页""美术评论""创作经验""技法参考""美术常识"等栏目。

《美术》(创刊号)

1976年3月创刊,双月刊
16开48页,定价:0.40元
编辑者:美术编辑委员会
出版者:人民美术出版社

  旨在繁荣创作、活跃评论、提倡争鸣。不设栏目。

《人民电影》(创刊号)

1976年3月创刊,月刊
16开80页,定价:0.40元
编辑者:人民电影编辑委员会
出版者:人民文学出版社

  电影创作与评论刊物的期刊。不设栏目。1978年12月终刊,共出版32期。

《舞蹈》(创刊号)

1976年3月创刊,双月刊
16开48页,定价:0.26元
编辑者:舞蹈编辑委员会
出版者:人民音乐出版社

　　刊登舞蹈创作、舞蹈评论等方面文章。不设栏目。

《贵州美术通讯》(复刊号)

1978年7月出版,刊期不详
16开36页,内部刊物
编辑者:中国美术家协会贵州分会

　　陈恒安题写刊名。不设栏目。

故纸藏珍——期刊创刊号欣赏

《书法》(第1期)

1978年8月出版,刊期不详
16开48页,定价:0.66元
编辑出版者:上海书画出版社
书号:7172·91

郭沫若题写刊名。刊登书法印章评论、创作经验、书法篆刻史研究、工具材料介绍等文章。不设栏目。

《大众电影》(复刊号,总第307期)

1979年1月出版,月刊
16开32页,定价:0.30元
编辑者:《大众电影》编辑部
出版者:中国电影出版社

茅盾题诗祝贺,袁文姝撰文祝贺。1950年创刊至1966年停刊共出版306期。不设栏目。

《**电影创作**》(复刊号,总第 38 期)

1979 年 1 月出版,月刊
16 开 112 页,定价:0.45 元
编辑者:《电影创作》编辑部
出版者:电影创作杂志社

　　创刊于 1958 年。群众性的电影文学读物。以发表文学剧本为主。设"电影随笔""读者之窗"等栏目。

《**电影故事**》(复刊号)

1979 年 1 月出版,月刊
32 开 40 页,定价:0.15 元
编辑者:《电影故事》编辑部
出版者:上海市电影发行放映公司

　　茅盾题写刊名。不设栏目。

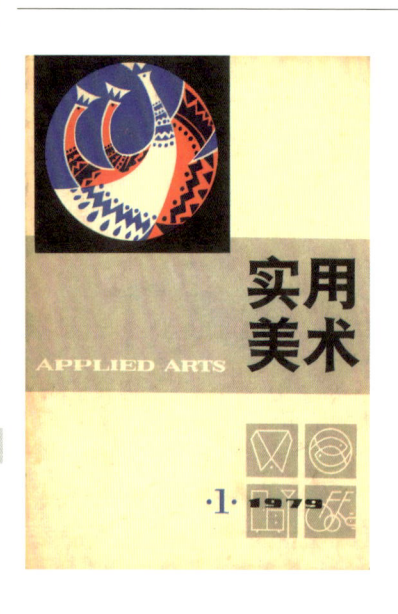

《实用美术》(第一辑)

1979年4月出版,不定期
16开48页,定价1.80元
编辑出版者:上海人民美术出版社
统一书号:8081·11442

介绍最新的设计和产品。不设栏目。

《长征歌声》(创刊号)

1979年5月创刊,刊期不详
32开34页,内部刊物
编辑出版者:贵阳市劳动人民文化宫
　　　　　《长征歌声》编辑社

以发表反映职工生活的各种体裁、形式、风格的创作歌曲为主。设"少年儿童歌曲""外国歌曲""文字"等栏目。

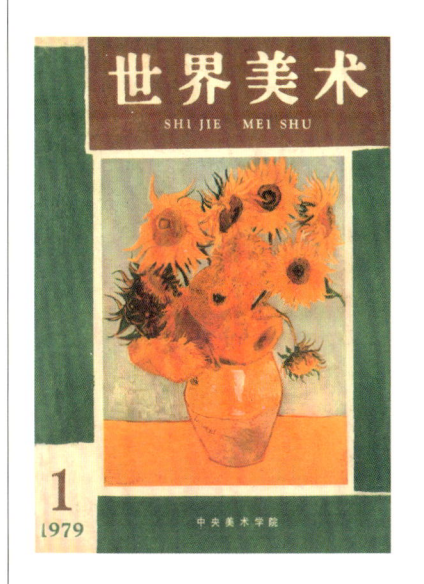

《世界美术》(创刊号)

1979年6月创刊,月刊
16开84页,定价:0.60元
主办者:中央美术学院
编辑者:《世界美术》编辑委员会
出版者:人民美术出版社
统一书号:8027·7170

介绍国外美术研究的期刊。不设栏目。

《艺术世界》(创刊号)

1979年7月创刊,月刊
16开40页,定价:0.46元
出版者:上海文艺出版社
书号:8078·3169

　　李骆公题写刊名,席边撰文祝贺。设"艺术欣赏""艺术随笔""艺坛访问录""艺术家介绍""艺精于勤""艺林今昔""艺海漫游""艺苑新花"等栏目。

故纸藏珍——期刊创刊号欣赏

《小戏丛刊》(第1期)

1979年9月出版,刊期不详
16开48页,定价:0.28元
出版者:上海文艺出版社
书号:8078·3120

发表小戏剧本和探讨小戏艺术。设"戏曲知识""写戏漫谈"等栏目。

《戏剧艺术论丛》(创刊号)

1979年10月创刊,季刊
16开256页,定价:1.00元
编辑出版者:人民文学出版社
书号:10019·2878

戏曲理论丛刊。致力于研究和探讨新的历史条件下戏剧艺术发展的新情况、新问题和新经验。设"作品研究""戏剧问题研究·杂谈""回忆录·传记·史""外国戏剧研究"等栏目。

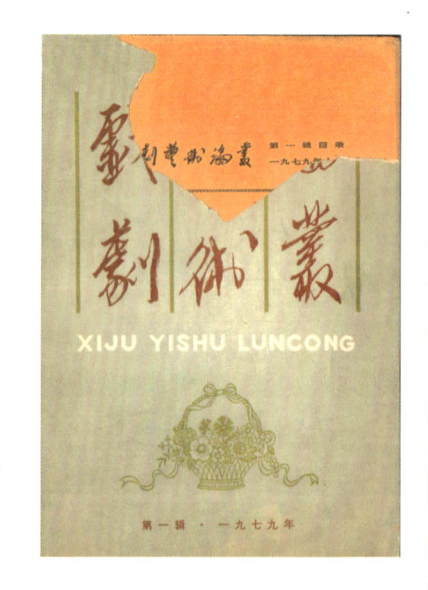

—152—

《美术译丛》(创刊号)

1980年创刊,季刊
16开80页,定价:0.75元
编辑者:浙江美术学院《美术译丛》编辑部
出版者:浙江人民美术出版社

　　前身是内部发行的《国外美术资料》。刊登有关美学、美术理论、美术史、各美术流派和技法等方面有价值的参考资料。不设栏目。

《舞蹈论丛》(创刊号)

1980年创刊,季刊
16开128页,定价:0.80元
编辑者:舞蹈编辑部
出版者:中国戏剧出版社
书号:8069·65

　　发表古今中外舞蹈论文、舞蹈美学研究、舞剧文学台本、舞蹈历史研究、舞蹈流派介绍、舞蹈家传记和回忆录等内容的文章。不设栏目。

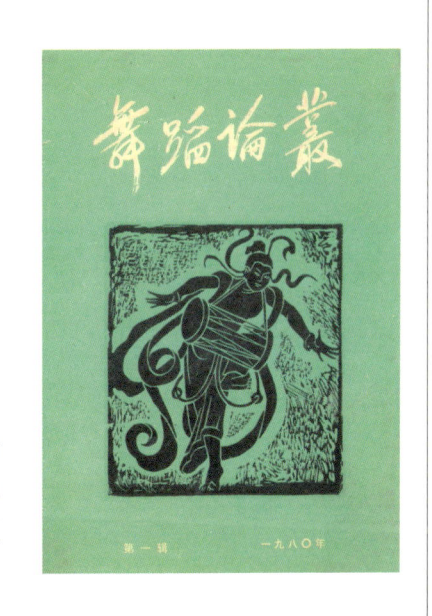

《戏剧界》(改刊号,总第 7 期)

1980 年 2 月出版,双月刊
16 开 96 页,定价:0.30 元
编辑出版者:《戏剧界》编辑部

　　原《安徽戏剧》。设"剧本""南腔北调""戏剧史话""剧团工作"等栏目。

《电影画报》(创刊号)

1980 年 3 月创刊,月刊
12 开 36 页,定价:0.60 元
编辑者:《电影画报》编辑部
出版者:中国电影发行放映公司

　　电影期刊。不设栏目。

《浙江戏剧丛刊》(创刊号)

1980年4月创刊,不定期
32开128页,内部刊物
编辑者:浙江省文化局艺术研究室

  旨在进一步贯彻百花齐放的文艺方针,繁荣浙江省戏剧创作。不设栏目。

《戏剧与电影》(创刊号)

1980年6月创刊,月刊
16开56页,定价:0.35元
编辑出版者:戏剧与电影编辑部

  何应辉题写刊名。设"影剧史话""影坛新事""川剧改革"等栏目。

故纸藏珍——期刊创刊号欣赏

《新美术》(创刊号)

1980年8月创刊,季刊
16开112页,定价:1.60元
编辑者:浙江美术学院《新美术》编辑部
出版者:上海人民美术出版社

学术刊物。不设栏目。

《北京艺术》(创刊号)

1981年创刊,月刊
16开48页,定价:0.30元
编辑者:《北京艺术》编辑部
出版者:北京出版社
期刊登记证第24号
书号:10071·329

曹禺撰文祝贺。设"艺术漫谈""传统剧目与观众""京剧常识""春雨繁花""乐坛随笔""曲坛轶话"等栏目。

《电影新时代》(创刊号)

1981年创刊,刊期不详
16开80页,定价:0.45元
编辑出版者:西安电影制片厂电影新时代
　　　　　编辑部
陕西期刊登记证:086

　　以文学性为主兼有理论性、知识性、趣味性的综合性期刊。设"电影文学剧本""评论与争鸣""创作纵横谈""今日西影""水银灯下""影迷之友""环球银幕"等栏目。

《电影世界》(复刊号,总第32期)

1981年4月出版,月刊
16开32页,定价:0.37元
编辑出版者:长春电影制片厂《电影世界》
　　　　　编辑部
吉林省期刊登记证第48号

　　原《长春电影画报》。创刊于1958年,1960年停刊。茅盾题写刊名,董速、胡苏、纪叶撰文祝贺。设"电影人物""国外银星""电影歌曲""剧照选登"等栏目。

《舞台美术与技术》(创刊号)

1981年7月创刊,月刊
16开128页,定价:1.20元
编辑者:中国舞台美术学会
　　　　中国舞台科学技术研究所
　　　　《舞台美术与技术》编辑委员会
出版者:中国戏剧出版社
统一书号:8069·107

李超撰写代发刊词。不设栏目。

《沧州戏剧》(创刊号)

1981年8月创刊,刊期不详
16开72页,内部刊物
编辑者:河北省沧州地区文化局戏曲研究室

吴祖光题写刊名。设"剧本""艺术春秋""舞台美术""剧坛轶事""摄影美术"等栏目。

《音乐学丛刊》(创刊号)

1981年8月创刊,刊期不详
32开236页,定价:0.75元
编辑者:中国艺术研究院音乐研究所
　　　　《音乐学丛刊》编辑部
出版者:文化艺术出版社
书号:8228·14

李超撰写代发刊词。不设栏目。

《银幕剧作》(创刊号)

1981年9月创刊,双月刊
16开96页,定价:0.50元
编辑出版者:珠江电影制片厂《银幕剧作》
　　　　　　编辑部

旨在普及电影文学的理论知识,介绍电影文学的创作经验,培养和提高青年电影爱好者的欣赏水平和认识水平,扩大和丰富读者的电影剧作见闻。设"画外音""剧作放谈""新片画廊"等栏目。

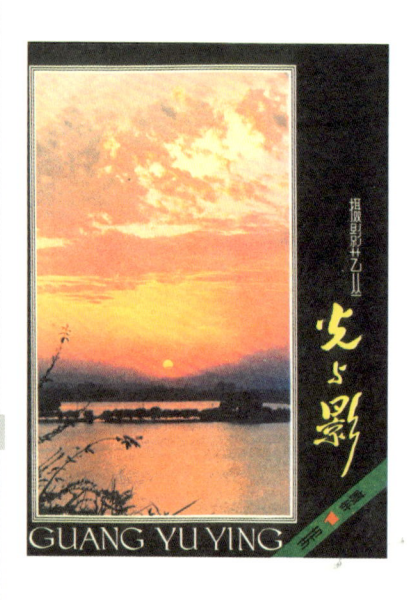

《光与影》(第一辑)

1981年12月出版,双月刊
16开40页,定价:0.65元
编辑出版者:江苏人民出版社
书号:8100·3·443

  发表摄影艺术作品为主的丛刊。设"摄影知识与经验""中外摄影作品欣赏"等栏目。

《中外电影丛刊》(第1期)

1982年出版,刊期不详
16开200页,定价:1.00元
编辑者:《剧本园地》杂志社
出版者:福建人民出版社

  欧阳山尊题写刊名。设"中国电影剧本""外国电影剧本"等栏目。

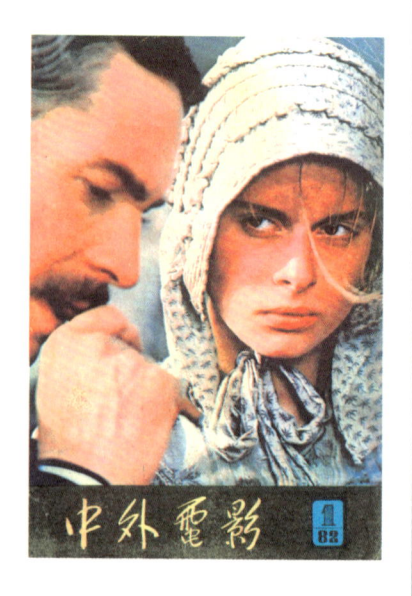

《上影画报》(复刊号,新总第 1 期)

1982 年 1 月出版,月刊
16 开 28 页,定价:0.35 元
编辑者:上影画报编辑部
出版者:上海电影制片厂
沪刊第 307 号

  创刊于 1957 年 8 月,1960 年 9 月停刊。张骏祥、徐桑楚撰文祝贺。设"上影笔会""世界电影画廊"等栏目。

《中国工艺美术》(创刊号)

1982 年 3 月创刊,刊期不详
16 开 48 页,定价:0.58 元
编辑者:《中国工艺美术》编辑部
出版者:人民美术出版社
书号:8027·8058

  宋季文撰文祝贺,麦华三题写刊名。设"学术探讨""创作经验""一代名匠""友好往来"等栏目。

《美术之友》(创刊号)

1982年3月创刊,季刊
16开48页,定价:0.20元
编辑者:《美术之友》编辑委员会
出版者：人民美术出版社
　　　　上海人民美术出版社
　　　　天津人民美术出版社
　　　　辽宁美术出版社
　　　　岭南美术出版社
　　　　湖南美术出版社
　　　　陕西人民美术出版社
书号：8027·8172

　　王朝闻撰文祝贺。以宣传评介各类美术书刊为主的普及性美术期刊。设"当代美术家""名作欣赏""古代画家介绍""外国美术家介绍"等栏目。

《八一电影》(创刊号)

1982年4月创刊,双月刊
16开80页,定价:0.48元
编辑者:八一电影制片厂《八一电影》编辑部
出版者:八一电影杂志社
北京市期刊登记证第934号

　　旨在进一步繁荣军事题材电影文学的创作,加强评论,交流经验,促进艺术探讨。设"电影文学剧本""创作札记""电影常识""演员行踪"等栏目。

《中国电影年鉴(1981)》(创刊号)

1982年6月创刊,年刊
16开792页,定价:9.00元
编纂者:中国电影家协会
出版者:中国电影出版社
统一书号:8061·1720

宋庆龄题写贺词,袁文姝撰写发刊词。设"回顾与展望""战斗的历程""电影评奖""电影文学"等栏目。

《电影文化》(改刊第1期)

1982年7月出版,双月刊
16开78页,定价:0.50元
编辑者:中国艺术研究院电影研究所
　　　　《电影文化》编辑部
出版者:文化艺术出版社
统一书号:8228·042
北京市期刊登记证第809号

创刊于1980年4月。王遐举题写刊名。设"影片分析""创作札记""影事回忆""电影人物"等栏目。

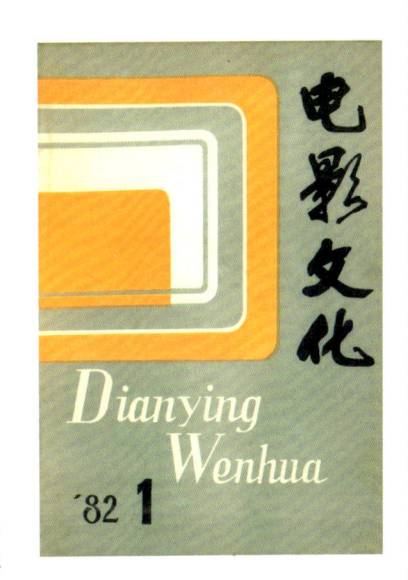

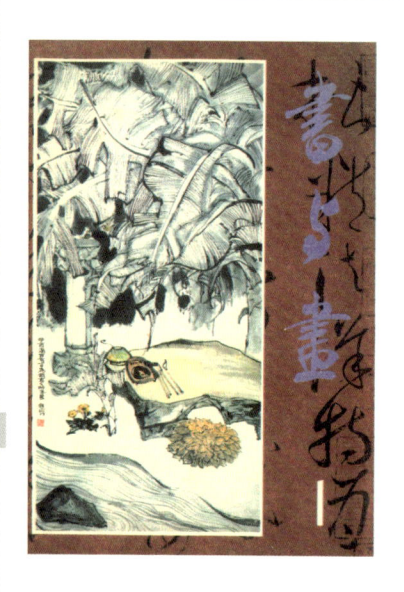

《书与画》(创刊号)

1982年7月创刊,刊期不详
16开40页,定价:0.43元
编辑出版者:上海书画出版社
书号:8172·660

适合初学者的书画入门期刊。设"读画录""习作评讲""荐秀篇""学画一得""书画史论""画家轶事"等栏目。

《中国广播电视》(创刊号)

1982年7月创刊,月刊
16开48页,定价:0.35元
编辑者:《中国广播电视》编辑部
出版者:广播出版社
北京市期刊登记证第935号

杨萱庭题写刊名,吴冷西撰写代发刊词,廖承志、肖华、顾传熙等撰文祝贺。以介绍与评论广播电视节目为主要内容的全国综合性期刊。编辑部设计了刊标。设"广播电视评论""导演札记""广播线上""采摄散记"等栏目。

《美学评林》(创刊号)

1982年8月创刊,月刊
32开128页,定价:0.40元
编辑者:《美学评林》编辑部
出版者:山东人民出版社
书号:10099·1585

初甫川题写刊名。美学学术期刊。不设栏目。

《人像摄影》(创刊号)

1983年3月创刊,月刊
16开36页,定价:0.35元
编辑者:人像摄影编辑部
北京市期刊登记证第969号

舒同题写刊名。旨在推动人像摄影理论研究，传播先进技艺，交流人像摄影经验,反映人们在四化建设中的精神面貌,满足人民文化生活需要。设"摄影艺术理论""摄影技术""经验介绍"等栏目。

《湖北曲艺研究》(创刊号)

1984年创刊,刊期不详
32开176页,内部刊物
编辑者:湖北地方曲艺创作研究室

韩光表题写刊名并撰文祝贺。设"谈艺录""源流考究""曲坛轶事""曲牌趣闻""曲种介绍"等栏目。

《油画选刊》(第一辑)

1984年4月出版,不定期
16开32页,定价:1.80元
出版者:人民美术出版社
书号:8027·8923

以刊登油画新作为主,兼有少量评介文章。不设栏目。

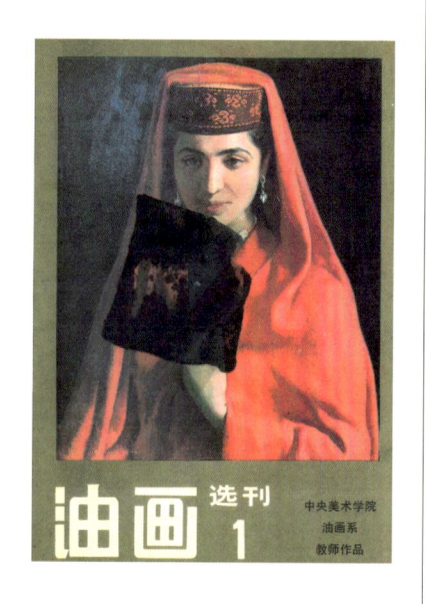

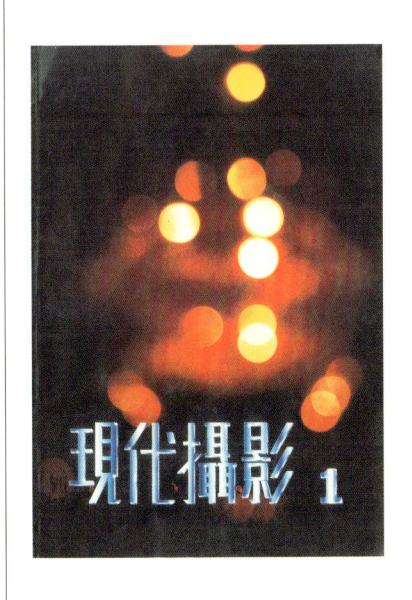

《现代摄影》(创刊号)

1984年7月创刊,月刊
16开52页,定价:1.90元
主办者:深圳摄影学会
编辑者:现代摄影编辑部
广东省报纸、期刊登记第171号

　　陈复礼撰文祝贺。繁体字出版。设"摄影漫步""青年天地""三言两语""读者年赛"等栏目。

《民间工艺》(创刊号)

1984年10月创刊,季刊
16开128页,内部刊物
主办者:中国工艺美术学会民间工艺美术
　　　　委员会
编辑者:南京艺术学院《民间工艺》编辑部

　　旨在宣传和发扬、调查和收集、研究和整理、开发和利用民间工艺,加强国际间的交流。设"美在民间""山花集""散文与诗""它山之石"等栏目。

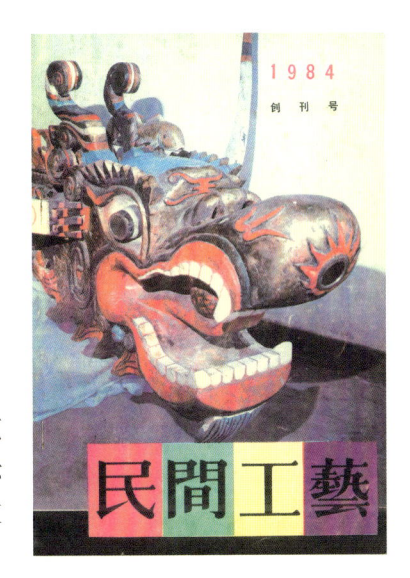

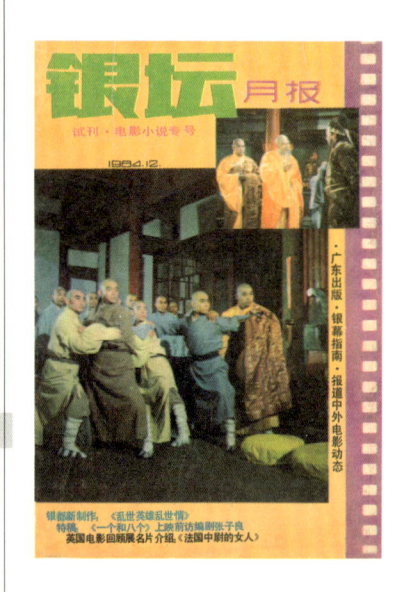

《银坛月报》(试刊号)

1984年12月出版,月刊
16开48页,定价:0.40元
编辑者:广东省电影公司《银坛月报》编辑部

　　开放型的电影期刊。唐瑜撰文祝贺。设"名片欣赏""影棚内外""国际影坛""电影史话""新片介绍""评论欣赏"等栏目。

《环球银幕画刊》(第一辑)

1985年出版,刊期不详
16开36页,定价:0.90元
编辑出版者:中国电影出版社
书号:8061·2800

　　夏衍、陈荒煤、袁文姝等题写贺词。介绍世界各地电影的期刊。不设栏目。

《电影画刊》(创刊号)

1985年创刊,月刊
16开32页,定价:0.55元
主办者:峨眉电影制片厂　广西电影制片厂
　　　　西安电影制片厂　潇湘电影制片厂
　　　　珠江电影制片厂　陕西省电影公司
编辑者:《电影画刊》编辑部
出版者:陕西人民出版社
陕西省期刊登记证第040号

　　陈荒煤题写贺词,丁峤、钟惦棐等撰文祝贺。编辑部设计了刊标。不设栏目。

《国际银幕》(创刊号)

1985年创刊,月刊
16开128页,定价:1.20元
编辑者:《电影新作》编辑部
出版者:上海文艺出版社

　　介绍外国电影的期刊。设"新片简介""电影小说""电影故事""电影剧本""影人传略""外国片在国内"等栏目。

《中外电视》(创刊号)

1985年创刊,刊期不详
16开80页,定价:0.80元
编辑者:海峡文艺出版社
　　　　香港中外文化事业出版社
出版者:海峡文艺出版社
闽版刊字第129号

　　旨在繁荣电视文化生活。设"电视连续剧""艺园艺员""拍摄花絮"等栏目。

《明星》(创刊号)

1985年1月创刊,月刊
16开48页,定价:0.70元
编辑者:《明星》编辑部
出版者:中国展望出版社
书号:17271·014

　　中外影视丛刊。设"蔷薇园""春光一抹""屏幕内外""一家之言""海外影讯""中外影星谱"等栏目。

《新闻摄影》(试刊号)

1985年3月出版,月刊
16开40页,定价:0.45元
主办者:新华社新闻摄影部
编辑者:《新闻摄影》编辑部
出版者:新华出版社
北京市期刊登记证第1239号

  茅盾题写刊名,穆青撰文祝贺。前身是创办于1953年的《摄影业务》,1957年改为《新闻摄影》,1960年8月停刊。设"采编经验谈""抓拍一得""假照片剖析""并非门外谈""技术技巧"等栏目。

《儿童美术》(第一辑)

1985年3月出版,刊期不详
16开32页,定价:0.69元
主办者:北京费罗儿童艺术中心
编辑者:《儿童美术》编辑部
出版者:农村读物出版社
书号:8627·85

  孙敬修、汪志敏题写贺词。设"小论文""教学经验""儿童美术作品选""美术评介"等栏目。

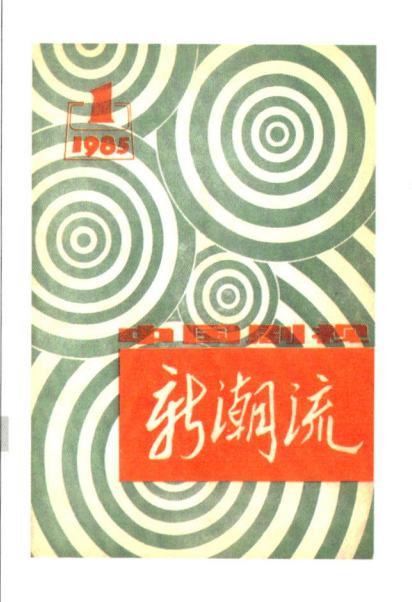

《中国剧视新潮流》(创刊号)

1985年4月创刊,刊期不详
16开96页,内部刊物
编辑出版者:中国戏剧电视剧创作函授中心

　　刊登歌剧、话剧、电视剧、广播剧等作品。不设栏目。

《影视大观》(创刊号)

1985年6月创刊,刊期不详
16开64页,定价:0.70元
编辑者:江苏作家协会图书编辑部
出版者:长江文艺出版社
统一书号:10107·507

　　唐达成、孙道临等题写贺词。设"影星传记""影视故事""银海采珠""影星外史""影视文摘"等栏目。

《北影画报》（创刊号）

1985年7月创刊，双月刊
16开32页，定价：0.49元
主办者：北京电影制片厂
编辑者：北影画报编辑部
出版者：北影画报社
北京市期刊登记证第1263号

　　知识性、趣味性、娱乐性、大众化的通俗画报。设"影评人专栏""北影群星""我的创作""水银灯下"等栏目。

《青年摄影》（创刊号）

1985年7月创刊，季刊
16开32页，定价：0.65元
编辑出版者：青年摄影编辑部
浙江省期刊登记证第128号

　　征稿对象为摄影艺术工作者，尤其是35岁以下的青年摄影爱好者。设"影林揽胜""小荷初露""光影色线""纷纭莫衷"等栏目。

故纸藏珍——期刊创刊号欣赏

《工业美术新潮》(创刊号)

1985年9月创刊，双月刊
16开48页，定价：1.16元
编辑出版者：上海《工业美术新潮》杂志社
上海市报刊登记证第344号

　　广告语"企业家的伙伴，设计家的良友"。设"发家史""设计纵横谈""设计史话"等栏目。

《建筑画》(第1期)

1985年9月出版，月刊
16开64页，定价：2.60元
编辑者：《建筑画》编辑组
出版者：中国建筑工业出版社
统一书号：15040·4870

　　张开济、龚德顺等撰文祝贺。旨在探求精湛深化的表现技法，开拓丰富广阔的艺术视野，展示更新更美的建筑风采。设"画苑笔谈""艺圃漫步""画艺讲座""建筑画廊""习作园地""摄影橱窗"等栏目。

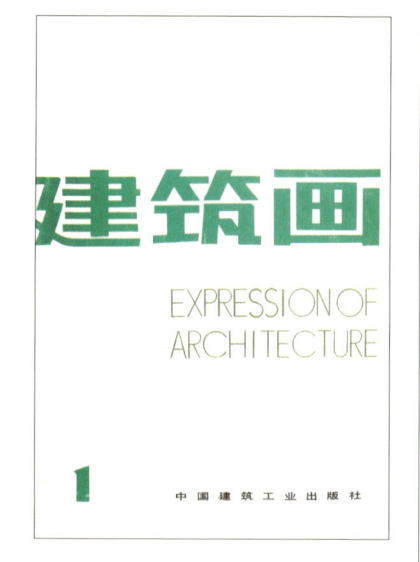

《文艺人才》(创刊号)

1985年12月创刊,双月刊
16开64页,定价:0.60元
主办者:文艺人才研究会(筹)
编辑者:《文艺人才》编辑部

　　陈昊苏、刘绍棠等题写贺词。设"人才论坛""人才佳话""伯乐篇""艺坛趣闻"等栏目。

《建筑装饰》(创刊号)

1986年创刊,季刊
16开36页,成本费:1.90元
主办者:中国建筑装饰协会
　　　　陕西省建筑装饰家具技术服务部
编辑者:建筑装饰编辑部

　　中国建筑装饰协会会刊。设"世界建筑装饰""商业建筑装饰""家具与灯具"等栏目。

《美术向导》(第一册)

1986年出版,双月刊
16开48页,定价:0.48元
编辑者:《美术向导》编辑部
出版者:朝花美术出版社
统一书号:8028·2124

邵宇撰文祝贺。广告语"自学美术者的良师,美术爱好者的益友"。设"中外美术史话""名作赏析"等栏目。

《当代电视》(创刊号)

1987年创刊,月刊
16开48页,定价:0.55元
主办者:中国电视艺术家协会
编辑者:《当代电视》编辑部

国内第一本电视艺术的专业性的理论、评论期刊。设"电视剧美学探讨""评论与争鸣""问题与思考""艺术讲座""专访"等栏目。

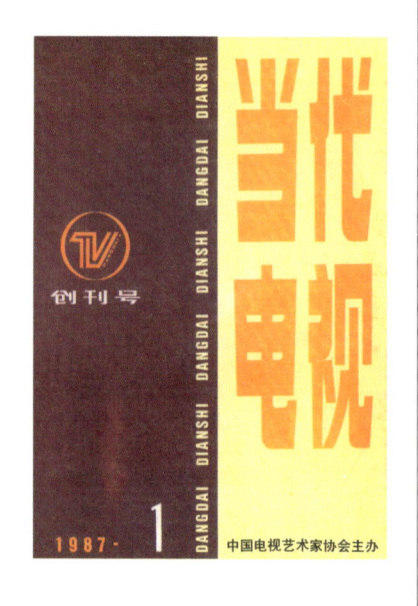

《影视》(创刊号)

1988年1月创刊,月刊
16开32页,定价:0.70元
主办者:重庆市电影发行放映公司
编辑出版者:《影视》月刊编辑部
国内统一刊号:CN51-1082

陈昊苏题写贺词。设"影人一瞥""拍片花絮""电视之窗"等栏目。

《民俗》(创刊号)

1988年7月创刊,双月刊
16开36页,定价:1.50元
编辑者:《民俗》杂志编辑部
出版者:中国民间文艺出版社
北京市期刊登记证:CN11-1741

钟敬文题写刊名。1989年1月改为月刊。不设栏目。

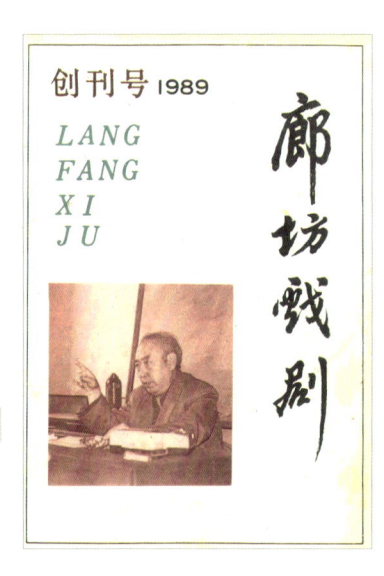

《廊坊戏剧》(创刊号)

1989年5月创刊,刊期不详
16开112页,内部刊物
主办者:河北廊坊市戏剧研究创作室
编辑者:廊坊戏剧编辑部
冀出内刊字第12-2004号

　　原《创作剧稿》。周士毅题写刊名。设"戏剧论坛""欣赏与借鉴""艺坛新人""舞美园地"等栏目。

《狮城群艺》(改刊号,总第16期)

1993年出版,刊期不详
16开68页,内部刊物
主办者:河北省沧州市群艺馆
编辑出版者:沧州市狮城群艺编辑部
登记证:沧市文准字93-050号

　　原《群众演唱》。李德瑞题写刊名。设"故事·传说""曲艺说唱""狮城曲种""沧海歌声"等栏目。

《星光月刊》(创刊号)

1993年6月创刊,月刊
16开64页,定价:2.90元
编辑者:星光月刊编辑部
出版者:星光国际出版社有限公司
国际标准刊号:ISSN1005-1112
国内统一刊号:CN11-3203/G2

　　马万祺、邹华泽等题写贺词。设"喝早茶""快乐午餐""星光夜宴"等栏目。

《当代学院艺术》(试刊号,总第1期)

1994年出版,季刊
16开64页,定价:8.00元
编辑者:《当代学院艺术》编辑部
出版者:河北美术出版社
冀刊登记准印证JV-2257

　　立足学院艺术,研究艺术教育与艺术创作的期刊。设"画室寻访""画家与作品""学术讲座"等栏目。

《中国百老汇》(改刊号)

1994年1月出版,月刊
16开64页,定价:4.90元
主办者:中国音乐剧研究会
编辑出版者:《中国百老汇》杂志社
国内统一刊号:CN11-3205/J
国际标准刊号:ISSN1004-9401

　　创刊于1993年。设"焦点长镜头""音乐剧风景线""港台好望角"等栏目。

《影视圈》(创刊号)

1994年1月创刊,月刊
16开48页,定价:2.80元
主办者:山西省电影发行放映公司
编辑出版者:《影视圈》杂志社
国内统一刊号:CN14-1196/J

　　发刊词"我们站在读者一边"较有特色。设"名人专访""摄影棚内""外景地""影视故事""读者点登"等栏目。

《当代歌坛》(创刊号)

1994年1月创刊,月刊
16开64页,定价:3.60元
主办者:黑龙江省对外文化交流协会
编辑者:当代歌坛编辑部
出版者:当代歌坛杂志社
国内统一刊号:CN23-1348/J

  成方圆、李娜、宋祖英等签名祝贺。设"人生如歌""跟踪追星族"等栏目。

《我爱摇滚乐》(创刊号)

1999年11月创刊,月刊,12开72页
CD版:16.8元,卡带版:14.8元
出版者:中国青少年音像出版社
ISRC CN-A71-99-331-00/A.J6

  有声音乐期刊。不设栏目。

第六部分 体育、健身类期刊

故纸藏珍——期刊创刊号欣赏

《北方棋艺》(创刊号)

1979年4月创刊,双月刊
32开64页,定价:0.23元
编辑者:北方棋艺编辑部
出版者:北方棋艺编委会

　　介绍和交流棋艺的基础知识和棋局排布等内容。设"中国象棋""国际象棋""围棋"三个栏目。

《体育丛刊》(创刊号)

1979年8月创刊,刊期不详
16开48页,定价:0.37元
编辑者:《体育丛刊》编辑部
出版者:上海教育出版社
统一书号:7150·2099-1

　　徐寅生撰写创刊词。设"技术分析""体育知识""国际体育"等栏目。

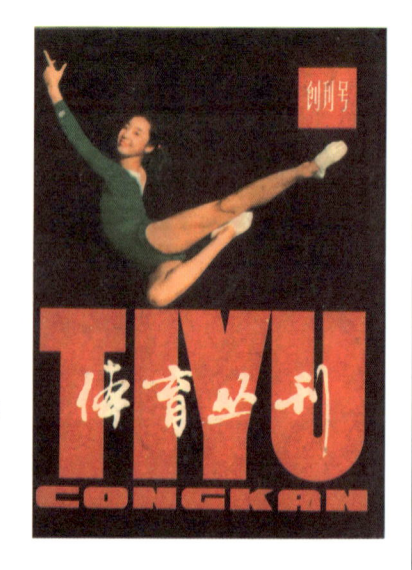

—184—

《气功研究》(创刊号)

1980年创刊,不定期
16开48页,内部刊物
编辑者:《气功研究》编辑部

刊登有关气功方面的专题论著、学术研究、功法功理等内容。不设栏目。

《信鸽爱好者》(创刊号)

1980年创刊,刊期不详
16开48页,内部刊物
主办者:昆明市信鸽协会

昆明市信鸽协会专刊。设"信鸽知识讲座""信鸽论坛"等栏目。

《气功》(创刊号)

1980年12月创刊,季刊
32开48页,定价:0.40元
编辑者:浙江中医杂志编辑部
出版者:浙江科学技术出版社
浙江省期刊登记证第031号

吕炳奎、顾涵森等撰文祝贺。主要介绍气功的科学研究、养生知识等。不设栏目。2001年改名为《养生月刊》。

《足球世界》(创刊号)

1980年1月创刊,月刊
32开48页,定价:0.12元
主办者:中国足球协会
编辑者:《足球世界》编辑部

李凤楼撰写代发刊词。中国足球协会名誉主席廖承志的"把我国足球运动尽快搞上去——给全国足球工作会议的信(摘要)"颇具史料价值。不设栏目。

《乒乓世界》(创刊号)

1981年3月创刊,季刊
16开48页,定价:0.28元
主办者:中国乒乓球协会
编辑者:《乒乓世界》编辑部
出版者:人民体育出版社
书号:7015·1962

徐寅生撰写代发刊词。设"国际乒坛""学术探讨""乒坛名将"等栏目。

《武林》(创刊号)

1981年7月创刊,双月刊
16开48页,定价:0.35元
主办者:广东省体育运动委员会
　　　　科学普及出版社广州分社
编辑者:《武林》编辑部
出版者:科学普及出版社广州分社
广东省期刊登记证第118号

陈远高撰写发刊词,张文广、蔡龙云、顾留馨、温敬铭等题写贺词。设"武林史话""武术俊彦""大众讲座""外国武术""武坛内外"等栏目。

《篮球》(创刊号)

1981年7月创刊,双月刊
16开48页,定价:0.28元
主办者:中国篮球协会
编辑者:《篮球》编辑部
出版者:人民体育出版社
北京市期刊登记证第824号

  钟师统撰文祝贺,牟作云撰写代发刊词。设"教学训练""人物志""规则""问题讨论"等栏目。

《中华武术》(创刊号)

1982年11月创刊,月刊
16开48页,定价:0.34元
主办者:中国武术协会
编辑者:《中华武术》(丛刊)编辑部
出版者:人民体育出版社
统一书号:7015·2106

  许德珩题写贺词,李梦华、钟师统撰文祝贺。设"名人与武术""武术与银幕""辅导站""国际武林"等栏目。

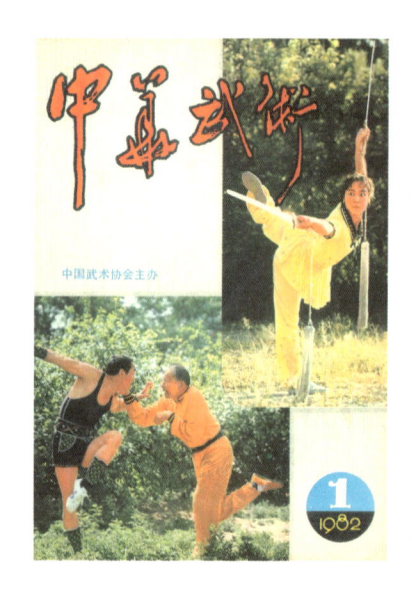

《柔道与摔跤》(创刊号)

1983年创刊,刊期不详
16开48页,定价:0.34元
主办者:山西省体育运动委员会
编辑出版者:山西省体育运动委员会
　　　　　《柔道与摔跤》编辑部
山西省期刊登记证第039号

　　李凯亭撰文祝贺。设"摔跤技法""擒拿防卫""学术研究""文艺小品"等栏目。

《中华气功》(创刊号)

1983年6月创刊,双月刊
16开48页,定价:0.35元
主办者:全国中医学会气功科研会
编辑者:《中华气功》杂志编辑部
出版者:人民体育出版社
北京市期刊登记证第1006号

　　高峡题写刊名。设"科学探索""功法百花园""患者福音""气功在国外"等栏目。2001年改名为《中华养生保健》。

《水上春秋》（创刊号）

1983年7月创刊，双月刊
16开48页，定价：0.38元
主办者：广东省体育运动委员会
编辑者：《水上春秋》编辑部
出版者：广东省游泳协会
广东省期刊登记证191号

吴南生题写刊名，魏振兰撰写创刊词，徐寅生、陈远高、张希让、梅振耀题写贺词。设"争鸣园地""碧空飞燕""水上芭蕾""运动医学"等栏目。

《当代体育·国外体育明星》
（试刊号，总第2期）

1983年9月出版，月刊
16开64页，定价：0.38元
编辑者：《当代体育》编辑部
出版者：《当代体育》杂志社
黑龙江省期刊登记证第008号

1984年1月创刊前出版《精武》(3)、《国外体育明星》、《当代体育》试刊号3期特刊。设"盖世英雄""体育皇后""大赛英豪""海外怪杰"等栏目。

《功夫片》(第一册)

1983年9月出版,刊期不详
16开32页,定价:0.40元
编辑者:中国视听研究中心
　　　　《功夫片》丛书编委会
出版者:中国展望出版社
统一书号:17271·012

钟师统作序。旨在告诉读者功夫片的民族性与国际性,引起人们对这一来自中华民族的片种的重视和研究。设"银海通讯""功夫与医学"等栏目。

《武当》(创刊号)

1983年10月创刊,刊期不详
16开64页,工本费:0.50元
主办者:武当山武当拳法研究会
编辑者:《武当》编辑部

王教化、吴图南、沈鹏等题写贺词。设"名人与武当""武当武话""习武心得""武当传说"等栏目。

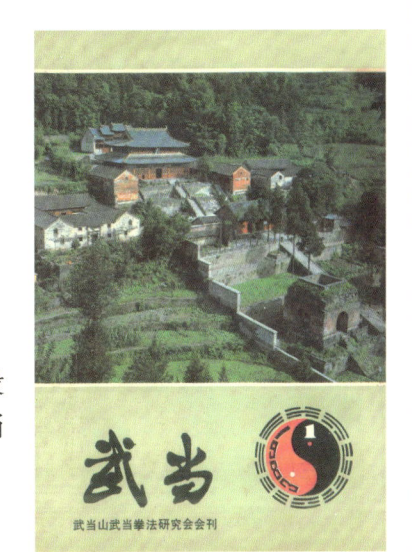

《北京象棋》(试刊号)

1984年出版,刊期不详
16开32页,工本费:0.30元
主办者:北京市西城区棋类协会
编辑者:《北京象棋》编委会

　　郭化若题写刊名。设"对局评注""排局创作""棋局测验"等栏目。

《黄鹤鸽志》(创刊号)

1984年创刊,不定期
16开48页,内部刊物
主办者:武汉市信鸽协会
编辑出版者:《黄鹤鸽志》编辑部

　　李梦华题写贺词,周华琴题写刊名。设"科技探讨""鸽坛走访""鸽苑花絮""卫鸽篇"等栏目。

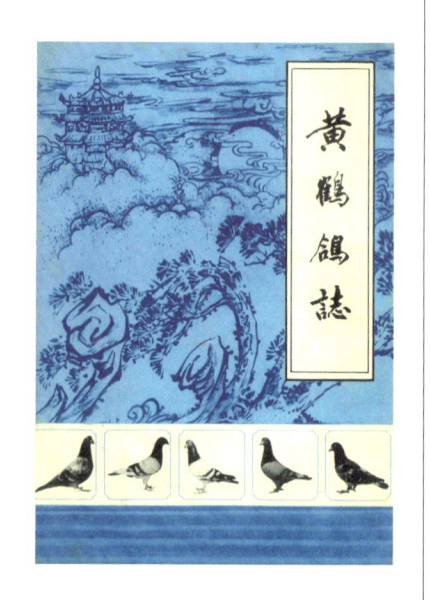

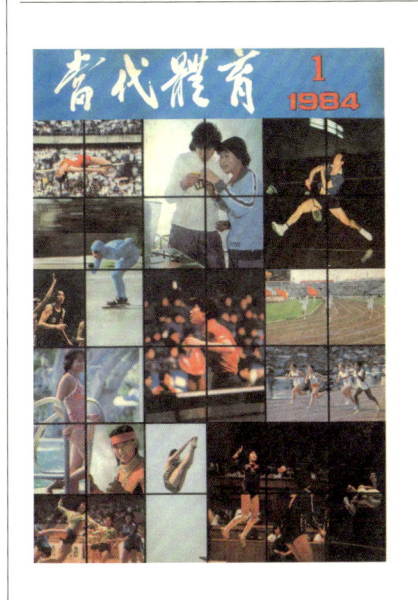

《当代体育》(创刊号)

1984年3月创刊,刊期不详
16开48页,定价:0.38元
编辑出版者:《当代体育》杂志社
期刊登记证:008

　　乌兰夫、姬鹏飞、楚图南题写贺词,陈雷题写刊名,李天伶撰文祝贺。设"体坛名宿""群体之窗""蓓蕾初绽"等栏目。

《棋友》(试刊号,总第1期)

1984年7月出版,不定期
32开72页,定价:0.25元
编辑者:《棋友》编辑部
出版者:辽宁省棋院

　　陈远高题写贺词。设"实战解说""布局战术""名人录""各抒己见"等栏目。

故纸藏珍——期刊创刊号欣赏

《中州武术》(创刊号)

1984年7月创刊,双月刊
16开64页,定价:0.40元
主办者:河南省武术协会 开封市武术协会
编辑出版者:《中州武术》编辑部
河南省期刊登记证字第082号

原《汴梁武术》。王启亭撰写发刊词。设"名人轶事""少林专辑""拳种介绍""武林故事"等栏目。

《北戴河气功》(创刊号)

1984年9月创刊,刊期不详
16开48页,定价:0.35元
编辑者:《北戴河气功》编辑部
出版者:北戴河气功疗养院

崔月犁题写贺词,贺敬之题写刊名。面向气功科研、教学、临床及疗养单位,并兼顾一般的气功、养生爱好者。不设栏目。1986年改名为《中国气功》,2001年改名为《现代养生》。

《体育教师》(创刊号)

1984年9月创刊,季刊
16开48页,工本费:0.40元
主办者:陕西省体委 陕西省教育厅
　　　　西安体育学院
编辑者:西安体育学院学报编辑部

　　面向中、小学体育教师的专业期刊。设"调查研究""教学园地""建议与改革"等栏目。

《中国钓鱼》(创刊号)

1984年10月创刊,刊期不详
16开48页,定价:0.34元
主办者:中国钓鱼协会
编辑者:《中国钓鱼》杂志编辑部
出版者:人民体育出版社
北京市期刊登记证第1152号

　　徐向前题写刊名,韩先楚、黄华、耿道明等题写贺词,金黎撰文祝贺。设"碧水漫笔""鱼的知识""垂钓技术浅谈""古今垂钓趣话"等栏目。

《桥牌》(创刊号)

1985年1月创刊,季刊
16开48页,定价:0.34元
主办者:中国桥牌协会
编辑者:《桥牌》杂志编辑部
出版者:人民体育出版社
北京市期刊登记证第1151号

　　万里题写刊名,荣高棠撰写创刊词,阿沛·阿旺晋美撰文祝贺。设"基础讲座""国际之窗""战略与战术""人物介绍"等栏目。

《围棋天地》(创刊号)

1985年1月创刊,双月刊
16开48页,定价:0.36元
主办者:中国围棋协会　新体育杂志社
编辑者:《围棋天地》编辑部
出版者:新体育杂志社
北京市期刊登记证第1150号

　　方毅题写刊名,廖井丹撰写代发刊词。设"对局精解""艺苑一得""棋史棋话""初学者之友"等栏目。

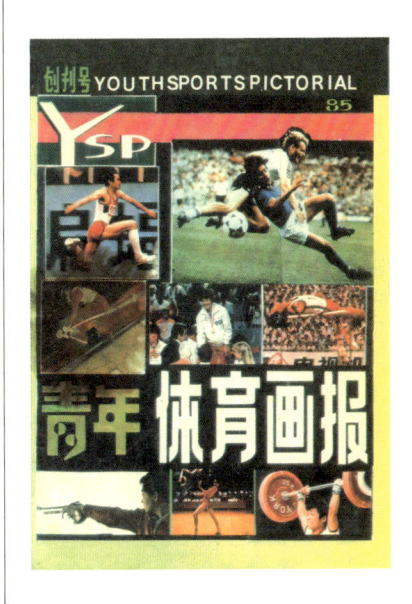

《青年体育画报》(创刊号)

1985年2月创刊,刊期不详
16开36页,定价:0.76元
编辑者:《青年体育画报》编辑部
出版者:中国青年报社
北京市期刊登记证第1241号

　　国内第一本体育画报。霍英东题写贺词,李梦华、钟师统、徐寅生、徐才、何振梁、佘世光任编委。设"一代巨星""赛场之外""佳作欣赏"等栏目。

《中国排球》(创刊号)

1985年2月创刊,季刊
16开48页,定价:0.50元
主办者:中国排球协会
编辑者:《中国排球》编辑部
出版者:中国排球协会
北京市期刊登记证第1246号

　　宋任穷题写刊名,李梦华撰写代发刊词,鲁文·阿科斯塔、张之槐等撰文祝贺,袁伟民任主编。设"排坛英雄谱""名将传经""一代风流""看球指南"等栏目。

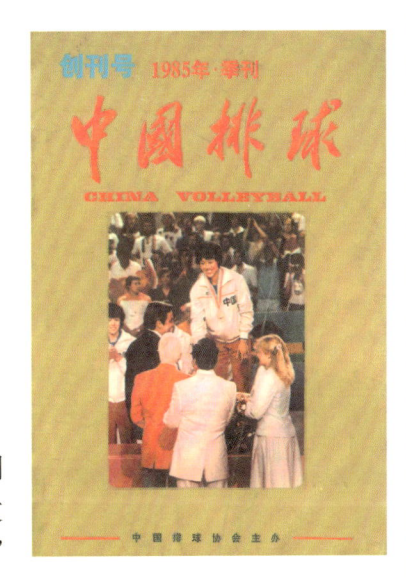

故纸藏珍——期刊创刊号欣赏

《竞技与健美》(创刊号)

1985年4月创刊,季刊
16开48页,定价:0.50元
编辑者:《竞技与健美》编辑部
出版者:上海体育学院
上海市期刊登记证第156号

　　李梦华、钟师统题写贺词,徐寅生任名誉主编。设"技术与训练""知识讲座""赛后诸葛亮"等栏目。

《运动员天地》(创刊号)

1985年7月创刊,双月刊
16开48页,定价:0.30元
编辑者:《运动员天地》编辑部
贵州省期刊登记证第26号

　　徐才撰写代发刊词,荣高棠题写刊名,李梦华、钟师统等题写贺词,李宁、孙晋芳等签名。设"宿将行踪""冠军摇篮""体坛生活""健儿笔会"等栏目。

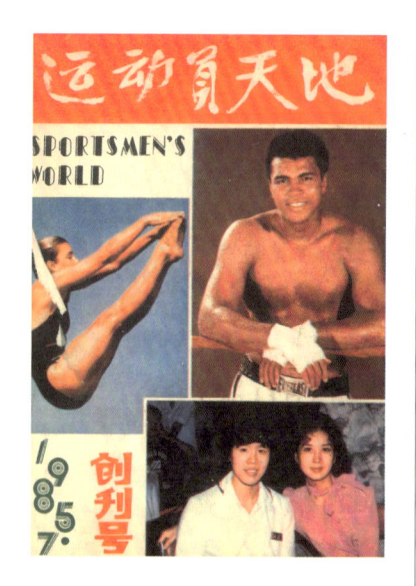

—198—

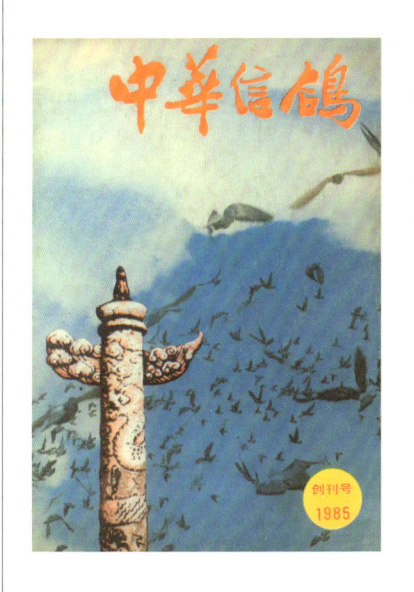

《中华信鸽》(创刊号)

1985年7月创刊,月刊
16开48页,定价:0.80元
主办者:中国信鸽协会
编辑出版者:《中华信鸽》杂志社
上海市报刊登记证第353号

　　朱学范、荣高棠、钟师统等题写贺词。设"记录台""科技园""史料"等栏目。

《体育画报》(创刊号)

1986年创刊,刊期不详
16开40页,定价:0.88元
主办者:中国奥委会新闻委员会　体育报社
编辑者:体育画报社
出版者:体育报社　中国摄影出版社
北京市期刊登记证第1297号

　　李梦华撰文祝贺。设"体坛纵横""名人体育""体坛珍贝""民族体育"等栏目。

故纸藏珍——期刊创刊号欣赏

《气功通讯》(创刊号)

1986年10月创刊,刊期不详
16开40页,内部资料
主办者:中国气功科学研究会
编辑者:《气功通讯》编辑室

  以通讯报道为主,兼及一些文摘或转载,介绍气功功法介绍、功理探讨、古籍文献、气功史、气功科普等内容。设"科学与学术""知识短波"栏目。

《世界体育大观·健美专集》(创刊号)

1987年1月创刊,刊期不详
16开40页,定价:1.20元
编辑出版者:新体育杂志社
北京市期刊登记证第1279号

  除偶尔集中介绍某一单项外,多以综合性报道为主,介绍世界上的大赛珍闻、体坛明星、名人锻炼故事、长寿老人及其健身之道、体育科技、新款式运动服装、新兴运动项目等。不设栏目。

—200—

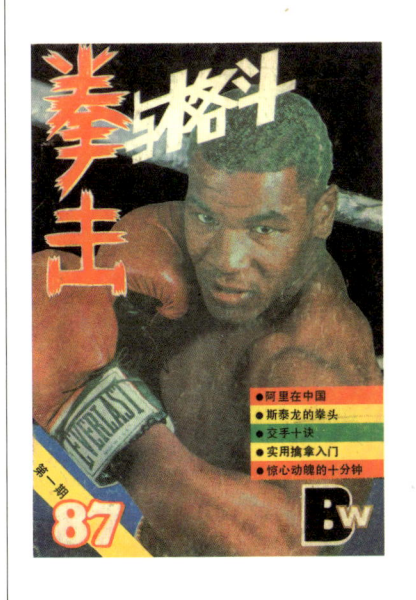

《拳击与格斗》(试刊号,总第 1 期)

1987 年 4 月出版,双月刊
16 开 48 页,定价:0.55 元
主办者:吉林省体委
编辑者:《拳击与格斗》编辑部
出版者:《拳击与格斗》杂志社
吉林省期刊试刊许可证第 6 号

　　1987 年 6 月正式创刊。国内第一份拳击与格斗专业期刊。设"中外拳王""拳击知识""格斗园地""军警之页"等栏目。

《上海信鸽》(复刊号)

1990 年 1 月出版,刊期不详
16 开 32 页,内部刊物
主办者:上海市信鸽协会
编辑者:《上海信鸽》编辑部

　　停刊三年后复刊。赵行志题写刊名。不设栏目。

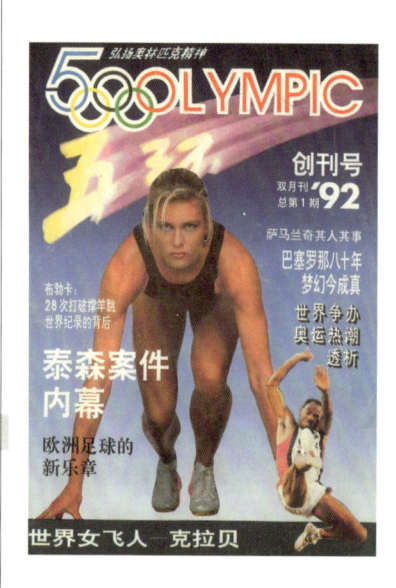

《五环》(创刊号)

1992年1月创刊,双月刊
16开48页,定价:1.40元
编辑者:中国体育报国际部
出版者:中国体育报社
国际标准刊号:ISSN1003-8922
国内统一刊号:CN11-2901/G8

　　伍绍祖撰文祝贺。设"华夏星辰""赛事扫描""争办擂台""奥运档案""体育沙拉"等栏目。

《搏》(创刊号)

1994年9月创刊,双月刊
16开112页,定价:10.00元
编辑出版者:新体育杂志社
国内统一刊号:CN11-3531/G8
国际标准刊号:ISSN1005-9024

　　大型彩色体育期刊。124名世界冠军签名祝贺。设"新闻眼""现场直击""竞技大舞台"等栏目。

第七部分　文化、生活类期刊

《世界知识》(复刊号)

1979年1月出版,半月刊
16开32页,定价不详
编辑出版者:世界知识出版社

创刊于1934年9月,1966年6月停刊。不设栏目。

《文化与生活》(创刊号)

1979年1月创刊,季刊
16开80页,定价:0.56元
编辑出版者:上海文化出版社
书号:15077·3001

群众业余文化生活和生活实用方面的综合性丛刊。设"艺坛春天""生活顾问"等栏目。

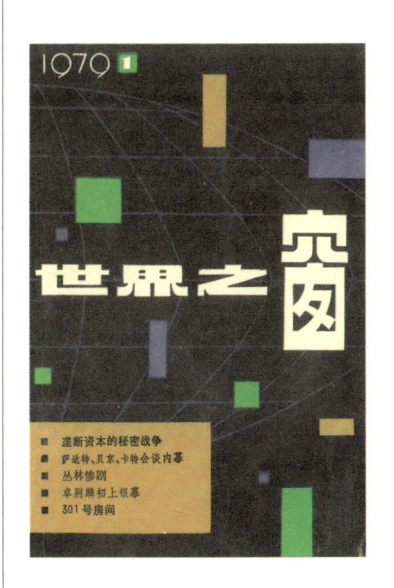

《世界之窗》(创刊号)

1979年8月创刊,刊期不详
32开192页,定价:0.40元
编辑者:《世界之窗》编辑部
出版者:上海译文出版社

　　介绍国外情况的综合性翻译期刊。设"世界经济""人物传记""知识小品"等栏目。

《旅游》(创刊号)

1979年10月创刊,刊期不详
16开48页,定价:0.40元
编辑者:《旅游》编辑部
出版者:北京出版社
书号:1207·12

　　卢绪章撰文祝贺。设"锦绣河山""旅游之友""海外风光""人物志""艺林漫步"等栏目。

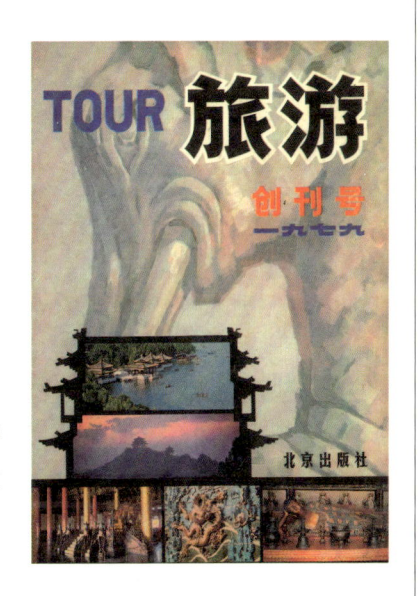

《风采》(创刊号)

1979年11月创刊,刊期不详
16开80页,定价:0.54元
编辑出版者:广东人民出版社
书号:7111·999

综合性丛刊。设"历史故事""海外风光""科技拾零"等栏目。

《知识》(创刊号)

1979年11月创刊,季刊
32开160页,定价:0.46元
编辑出版者:辽宁人民出版社
书号:7090·77

普及文化科学知识的综合性丛刊,从第2期改为16开80页,定价0.48元。设"文学·阅读与欣赏""历史知识""自然科学知识""地理风光"栏目。

《时装》(创刊号)

1980年创刊,刊期不详
16开40页,定价:0.60元
编辑出版者:对外贸易出版社
统一书号:15222·01

吴作人题写刊名。不设栏目。

《集邮》(复刊号)

1980年1月出版,双月刊
16开32页,定价:0.25元
编辑出版者:集邮杂志社

创刊于1955年,1966年停刊。夏衍撰文祝贺。设"邮苑麟爪""世界风光""邮票画廊"等栏目。

故纸藏珍——期刊创刊号欣赏

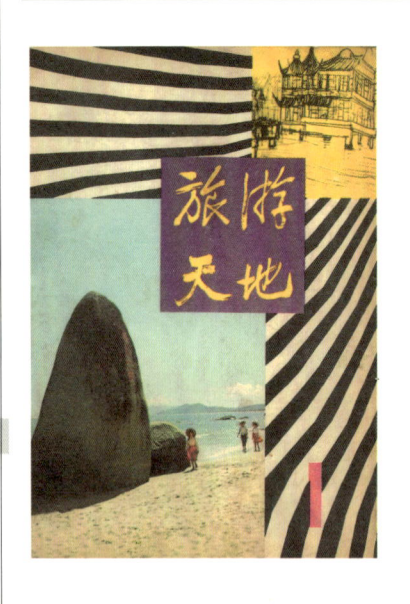

《旅游天地》(创刊号)

1980年1月创刊,刊期不详
16开64页,定价:0.38元
编辑出版者:上海文化出版社
书号:12077·3007

宋日昌题写刊名。设"上海风光""旅游诗画""风景这边独好""古人古事古迹""传说与掌故"等栏目。

《旅行家》(复刊号,总第67期)

1980年2月出版,月刊
16开68页,定价:0.40元
编辑者:《旅行家》编辑委员会
出版者:中国青年出版社
书号:12009·59

创刊于1955年1月,1960年7月停刊。不设栏目。

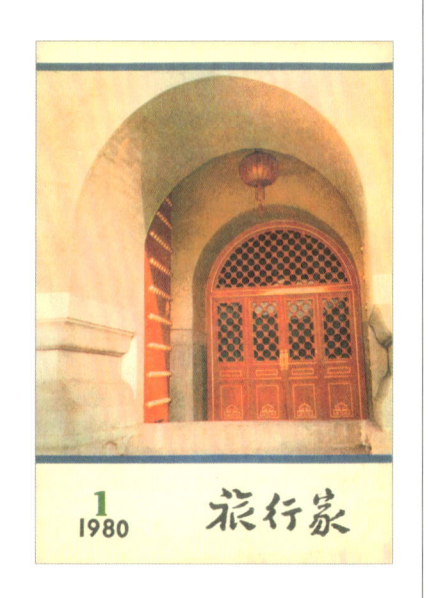

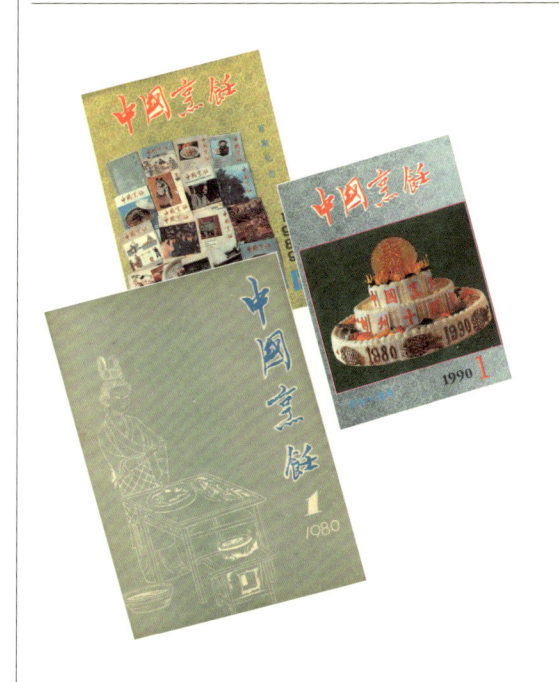

《中国烹饪》(创刊号)

1980年3月创刊,季刊
16开80页,定价:0.58元
编辑出版者:中国烹饪编辑部

　　茅盾题写刊名,高修撰文祝贺。设"烹调史话""名店介绍""名师高徒""佳肴美馔""地方风味""食疗营养"等栏目。

《生活之友》(试刊号)

1980年3月出版,月刊
32开96页,定价:0.24元
编辑出版者:浙江人民出版社
统一书号:13103·9

　　关心群众生活的综合性期刊。设"各地风光""名菜掌故""时装设计""花鸟虫鱼""有问必答"等栏目。

故纸藏珍——期刊创刊号欣赏

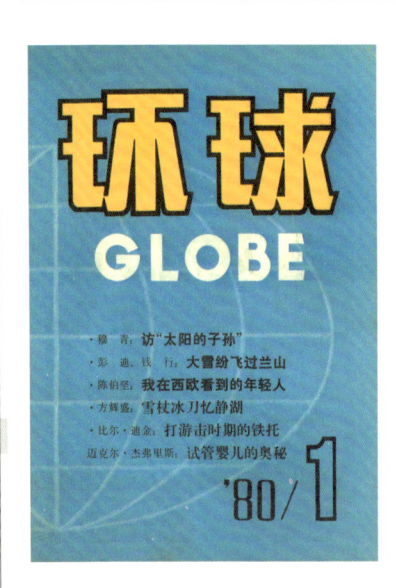

《环球》(创刊号)

1980年5月创刊,月刊
16开48页,定价:0.30元
编辑者:《环球》编辑部
出版者:新华出版社

　　介绍国外情况的综合性期刊。设"环球巡礼""社会剪影""各国风光""知识·小品"等栏目。

《健康顾问》(第一辑)

1980年11月出版,月刊
16开48页,定价:0.28元
编辑出版者:人民体育出版社
统一书号:7015·1927

　　综合性期刊。设"饮食顾问""健身良方""健美篇""父母必读"等栏目。

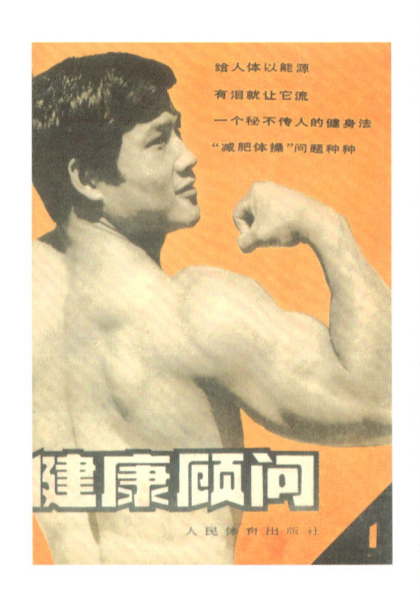

— 210 —

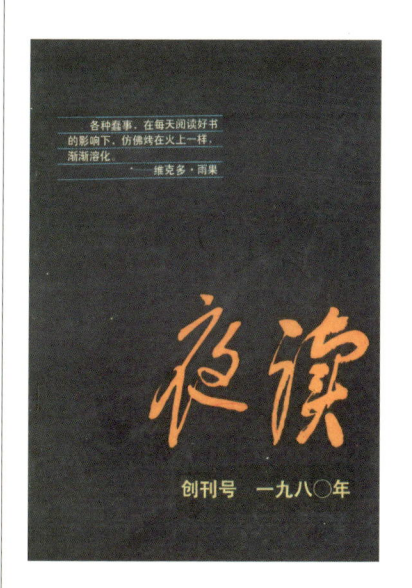

《夜读》(创刊号)

1980年12月创刊,刊期不详
16开80页,定价:0.45元
编辑出版者:山西人民出版社《夜读》编辑部
书号:17088·1

　　高士其撰文祝贺。设"灯下漫话""文史丛谈""百花园""科学宫""风情绘"等栏目。

《读者文摘》(创刊号)

1981年4月创刊,不定期
16开48页,定价:0.30元
编辑者:《读者文摘》编辑部
出版者:甘肃人民出版社
书号:17096·37

　　赵朴初题写刊名。1994年改名为《读者》。设"文苑""社会之窗""未知世界""生活之友"等栏目。

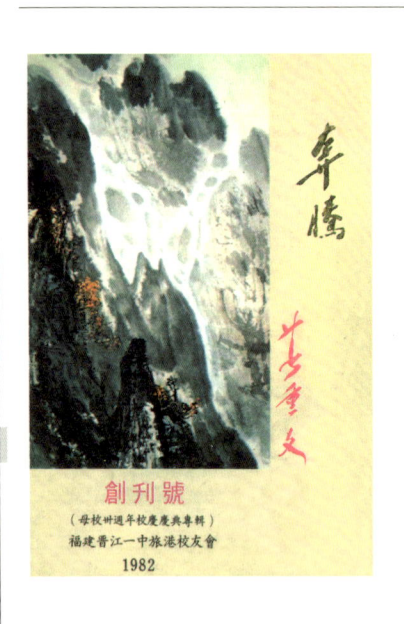

《奔腾》(创刊号)

1982年创刊,刊期不详
16开60页,内部刊物
编辑者:《奔腾》编辑部

福建晋江一中校友会会刊。不设栏目。

《东西南北》(创刊号)

1983年5月创刊,月刊
16开48页,定价:0.30元
编辑者:《东西南北》编辑部
出版者:吉林日报社
吉林省报刊登记证第88号

综合性文摘期刊。设"古今人物""文笔精华""为您服务""科技珍闻"等栏目。

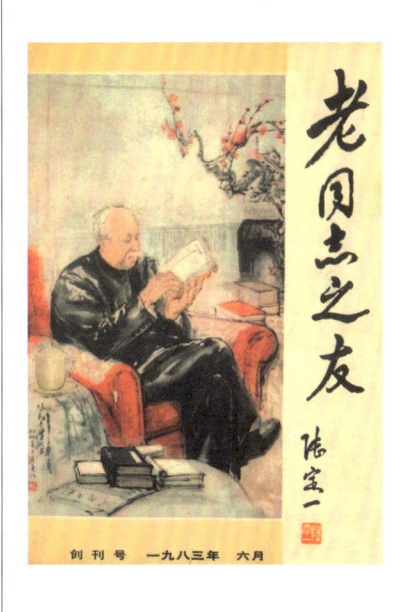

《老同志之友》(创刊号)

1983年6月创刊,不定期
16开256页,定价:1.50元,内部发行
编辑者:《老同志之友》编辑部
出版者:中共辽宁省委共产党员杂志社
辽宁省期刊登记证第158号

　　陆定一题写刊名,王震撰写代发刊词。设"重要言论""读史札记""离休之前""后继有人""天南地北"等栏目。

《中国老年》(创刊号)

1983年10月创刊,月刊
16开48页,定价:0.35元
编辑出版者:中国老年杂志社
北京市期刊登记证第1044号

　　邓小平题写刊名,邓颖超、徐向前、杨尚昆、张爱萍、周谷城、赵朴初题写贺词,王首道撰写代发刊词。设"世界老年""延年益寿""闲庭谈心""艺文之页"等栏目。

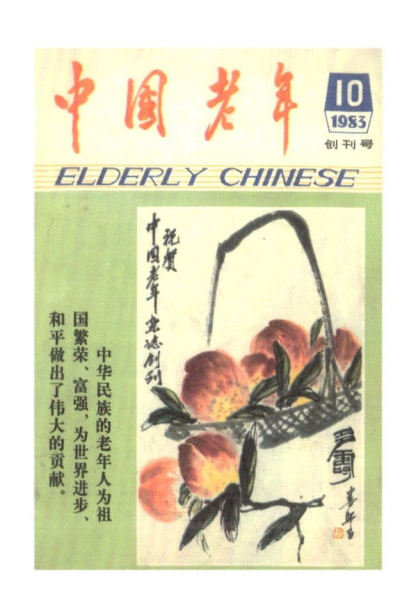

《农村青年》(试刊号)

1984年出版,月刊
32开128页,定价:0.32元
编辑者:中国青年杂志社
出版者:中国青年出版社
北京市期刊登记证第1107号

刘恪山题写刊名,王震撰写代发刊词。设"村头板报""自学挚友""致富千条路""万元户小传""农博士""琴棋书画""乡村俱乐部"等栏目。

《中国花卉盆景》(创刊号)

1984年创刊,月刊
16开32页,定价:0.39元
编辑者:《中国花卉盆景》编辑部
出版者:中国环境科学学会
北京市期刊登记证第1172号

许德珩题写刊名,陈慕华撰写代发刊词。设"家庭养花顾问""育种与栽培""庭院美化""奇花异卉"等栏目。

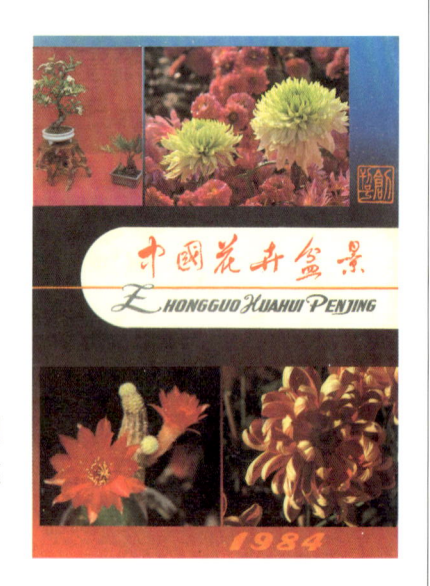

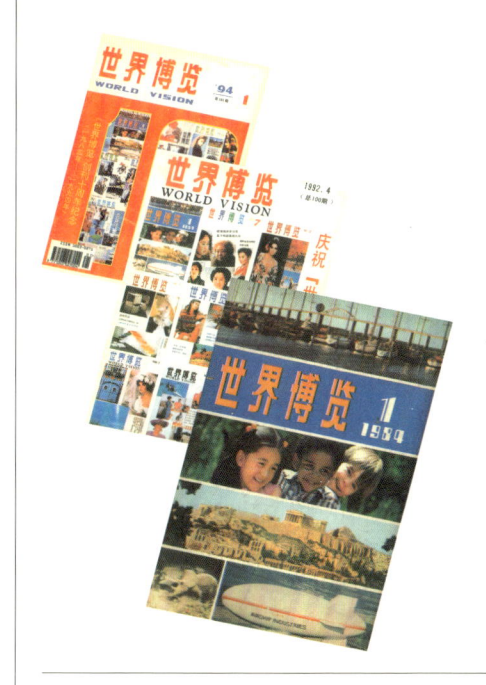

《世界博览》(第一辑)

1984年1月出版,月刊
16开64页,定价:0.40元
编辑出版者:世界知识出版社
　　　　　《世界博览》编辑部
北京市期刊登记证第1154号

　　广告语"近于文摘又不同于文摘的期刊"。设"世界漫游""科技长廊""开眼界""珍言警句"等栏目。

《百事通》(创刊号)

1984年1月创刊,月刊
16开48页,定价:0.35元
编辑出版者:《百事通》杂志社
广东省期刊登记证第206号

　　文化生活类期刊。设"饮食天地""妇幼保健""药海采珠""家庭百事""咨询答疑"等栏目。

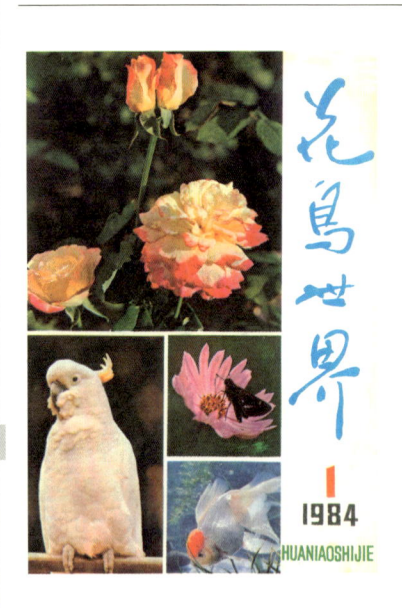

《花鸟世界》(创刊号)

1984年5月创刊,月刊
16开32页,定价:0.38元
编辑者:《花鸟世界》编辑部
出版者:福建科学技术出版社
书号:17211·32

　　冰心、周汝昌题写贺词。设"群芳谱""花间集""保健院""奇花异鸟"等栏目。

《女青年》(试刊号)

1984年10月出版,刊期不详
16开48页,定价:0.30元
主办者:共青团湖南省委
编辑者:女青年编辑部
出版者:年轻人杂志社

　　李贞题写刊名。设"姐妹谈心""巾帼英雄志""梳妆台"等栏目。

《中国民兵》(创刊号)

1984年10月创刊,月刊
16开48页,定价:0.34元
编辑者:《中国民兵》杂志编辑部
出版者:《中国民兵》杂志社
北京市期刊登记证第1125号

邓小平题写刊名。设"边防民兵""院校军训""谍网探丝""军械知识"等栏目。

《三月风》(创刊号)

1984年11月创刊,月刊
16开56页,定价:0.43元
主办者:中国残疾人福利基金会
编辑者:《三月风》杂志社
北京市期刊登记证第1171号

胡耀邦、王震、荣毅仁、崔乃夫等题写贺词,邓朴方任主编。设"临风小语""残疾人之友""绿土"等栏目。

《台港与海外文摘》(创刊号)

1984年11月创刊,月刊
16开80页,定价:0.60元
编辑者:《台港与海外文摘》编辑部
出版者:人民日报出版社
北京市期刊登记证第1154号

综合性文摘期刊。设"国际纵横谈""人体奥秘""台港作家之页""海外文艺界"等栏目。

《大陆·台湾》(创刊号)

1984年11月创刊,月刊
16开80页,定价:0.55元
编辑者:《大陆·台湾》编辑委员会
出版者:山西人民出版社
山西省期刊登记证第111号

温磊撰写代发刊词。设"两地书""两岸名人""寻亲纪实"等栏目。

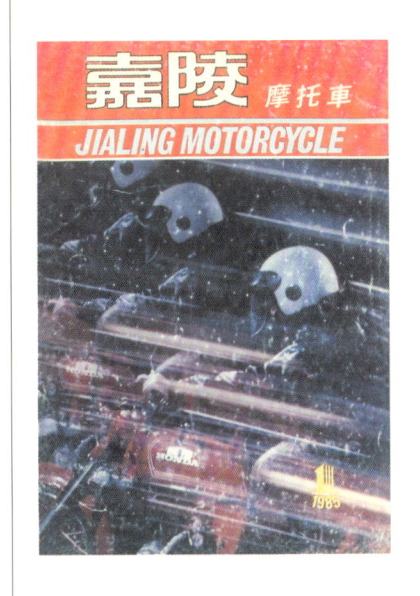

《嘉陵摩托车》(创刊号)

1985年创刊,刊期不详
16开36页,内部刊物
编辑出版者:《嘉陵摩托车》编辑部

　　介绍摩托车的综合性期刊。设"学术讨论""使用与维护""知识窗""问与答"等栏目。

《花卉》(创刊号)

1985年创刊,双月刊
16开32页,定价:0.42元
主办者:广东省花卉协会
编辑者:《花卉》编辑部
出版者:科学普及出版社广州分社
统一书号:16051·60326

　　朱屺瞻题写刊名,关山月、赖少其题写贺词。设"好花共赏""栽花技艺""盆景与插花""花市信息"等栏目。

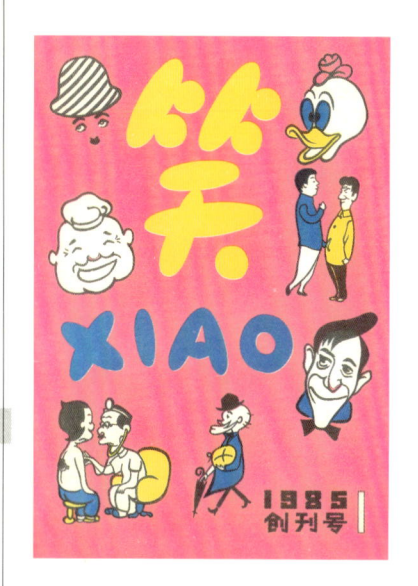

《笑》(创刊号)

1985年创刊,刊期不详
16开48页,定价:0.45元
编辑者:笑刊编辑部
出版者:海峡文艺出版社
书号:10368·25

　　以漫画、相声、笑话为重点。设"连环漫画""笑的现代史""茶余饭后"等栏目。

《知音》(创刊号)

1985年1月创刊,月刊
16开48页,定价:0.35元
主办者:湖北省妇联
编辑者:《知音》编辑部
出版者:《知音》杂志社
湖北省期刊登记证第224号

　　综合性期刊。设"当代女性""教子有方""妇幼安康"等栏目。

《中国服装》(创刊号)

1985年1月创刊,月刊
16开56页,定价:0.98元
编辑者:中国服装编辑部
出版者:中国服装杂志社
北京市期刊登记证第1245号

　　胡耀邦题写刊名,康克清撰文祝贺,习仲勋、王任重、廖汉生、荣高棠题写贺词。设"新款式大观园""怎样打扮自己""市场瞭望台""名师新秀"等栏目。

《时代文摘》(创刊号)

1985年1月创刊,刊期不详
16开64页,定价:0.58元
编辑者:湖北省科协《科学与人》编辑部
出版者:湖北人民出版社
统一书号:17106·74

　　综合性文摘期刊。设"国际风云""文艺之页""史林一枝""往事一瞥"等栏目。

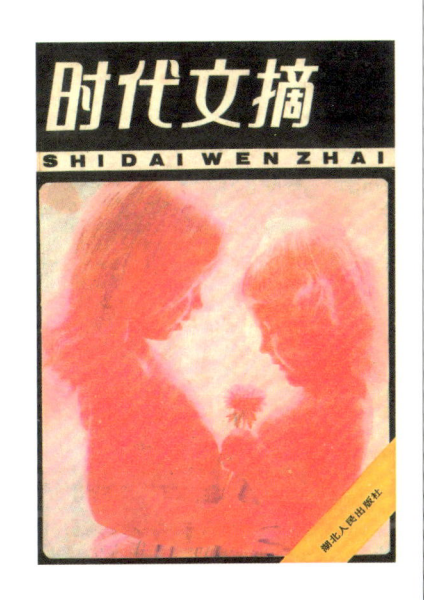

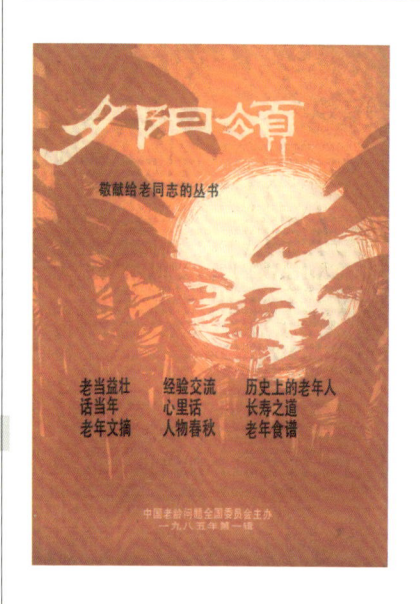

《夕阳颂》(第一辑)

1985年3月出版,季刊
16开128页,工本费:0.96元
主办者:中国老龄问题全国委员会
编辑者:《夕阳颂》编辑部

　　武元晋撰写发刊词。设"老当益壮""心里话""经验交流""老年食谱""长寿之道"等栏目。

《青年咨询》(创刊号)

1985年3月创刊,刊期不详
16开48页,定价:0.45元
主办者:中国社会科学院青少年研究所
编辑者:《青年咨询》编辑部
出版者:光明日报出版社
统一书号:7263·020

　　应用社会科学知识为主的普及性期刊。设"美的探索""隐秘世界""成才路上""情窦初开"等栏目。

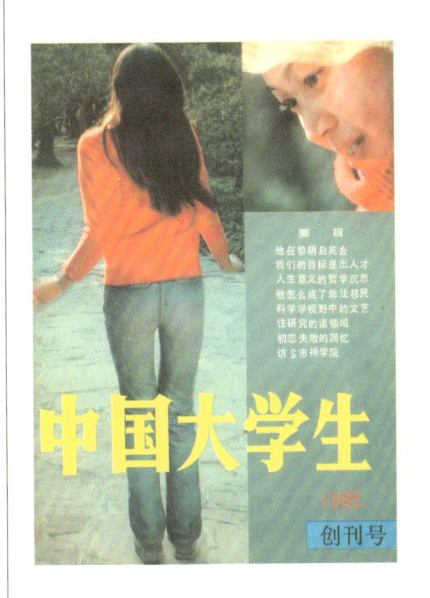

《中国大学生》(创刊号)

1985年4月创刊,刊期不详
16开80页,定价:0.60元
编辑者:《中国大学生》编辑部
出版者:山东人民出版社
丛刊(书)号:17099·51

综合性期刊。设"探索""我的故事""异国他乡""咖啡馆"等栏目。

《人生与伴侣》(创刊号)

1985年4月创刊,月刊
16开48页,定价:0.38元
编辑出版者:人生与伴侣杂志社
豫刊证字119号

关注爱情、婚姻、夫妻关系和家庭生活的期刊。设"爱情传奇""中年伴侣""子孙后代"等栏目。

故纸藏珍——期刊创刊号欣赏

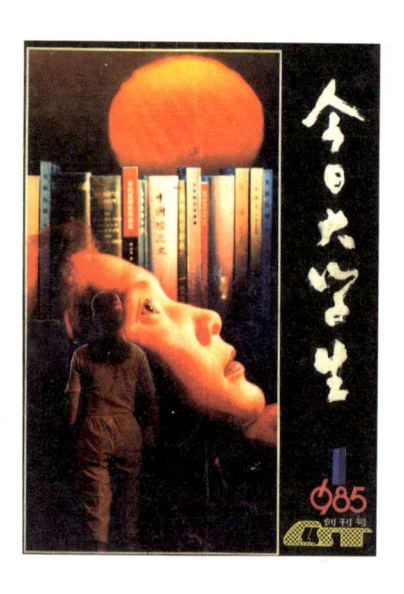

《今日大学生》(创刊号)

1985年5月创刊,双月刊
16开64页,定价:0.48元
编辑者:《今日大学生》编辑部
出版者:湖南教育出版社
湖南省期刊登记证第185号

  夏潮题写刊名,许德珩撰写代发刊词。设"论坛""生活坐标""班门弄斧""三点之外"等栏目。

《演讲与社交》(创刊号)

1985年5月创刊,双月刊
16开32页,定价:0.35元
编辑出版者:演讲与社交杂志社
上海市期刊登记证第112号

  以宣传社交为主要内容的期刊。徐伯清题写刊名。设"际会风云""说辩艺术""红尘新潮""热线电话"等栏目。

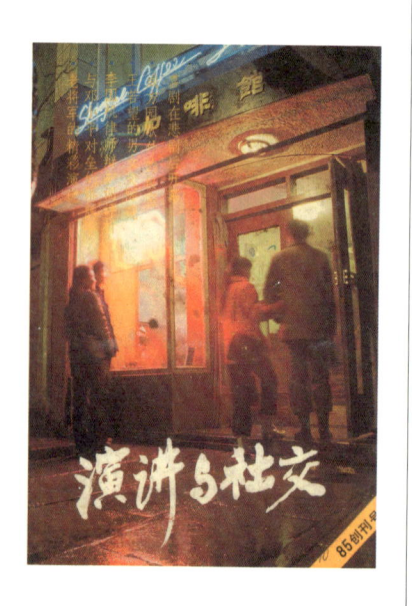

《男子汉》(第1期)

1985年6月出版,刊期不详
16开48页,定价:0.50元
编辑者:《男子汉》编辑部
出版者:人民体育出版社
统一书号:7015·2289

专门为男子汉编辑的期刊。设"畅所欲言""海角天涯""粗声细语""仪表堂堂"等栏目。

《旅游时代》(创刊号)

1985年7月创刊,双月刊
16开48页,定价:0.45元
主办者:北京旅游学会
编辑者:《旅游时代》编辑部
出版者:旅游时代杂志社
北京市期刊登记证第089号

立足北京、面向全国,以发展旅游业为主要宗旨的期刊。设"导游随笔""景观美谈""宾客心理""旅游文学"等栏目。

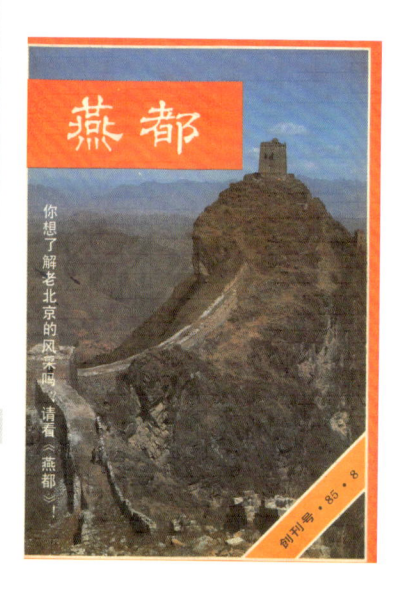

《燕都》(创刊号)

1985年8月创刊,双月刊
16开48页,定价:0.45元
编辑者:《燕都》杂志编辑委员会
出版者:北京燕山出版社
北京市期刊登记证第096号

　　介绍北京历史和社会生活的期刊。设"文物论坛""旧京琐记""京都民俗""宫廷轶事"等栏目。

《今日时装》(试刊号)

1985年8月出版,季刊
16开56页,定价:0.80元
编辑者:今日时装编辑部
出版者:今日时装杂志社
北京市期刊登记证第093号

　　普及性服装专业期刊。设"服装史话""国际时装之窗""服装与色彩""时装与生活"等栏目。

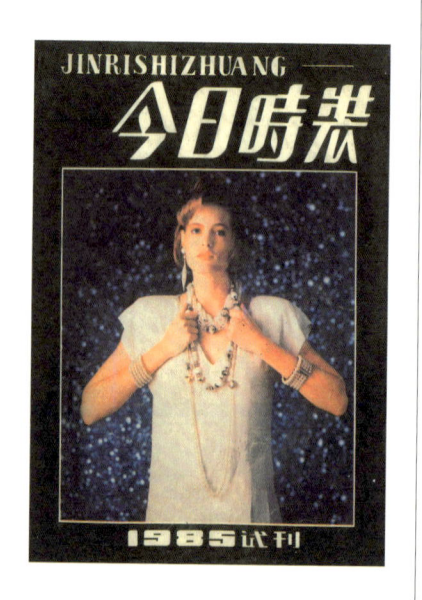

《杂家》(创刊号)

1986年创刊,刊期不详
16开64页,定价:0.58元
编辑者:上海市编辑学会
出版者:学林出版社
上海市报刊登记证第405号

　　钱君陶等题词祝贺。设"杂家论坛""编辑忆旧""采撷篇""片识录"等栏目。

《收藏天地》(创刊号)

1986年1月创刊,双月刊
16开60页,定价:6.00元(港币)
主办者:香港东方集邮文化中心

　　范曾题写刊名。设"邮票·钱币·火花""书画·金石·瓷器·其他"等栏目。

故纸藏珍——期刊创刊号欣赏

《中外消费》(创刊号)

1986年12月创刊,刊期不详
16开48页,定价:0.60元
编辑者:《中外消费》编辑部
出版者:轻工业出版社
北京市期刊登记证第1382号

　　王任重撰写发刊词。旨在指导消费、美化生活、交流信息、促进生产。设"望海楼""美食家""采风录""服饰美""名酒志""家务事""美容厅"等栏目。

《人口画刊》(试刊号,总第4期)

1987年出版,季刊
16开52页,定价:0.60元
主办者:河北省计划生育宣教中心
编辑出版者:人口画刊编辑部
冀出内字第1075号

　　1988年正式创刊。设"警戒线""婚姻家庭""优生优育""教子篇""悄悄话"等栏目。

—228—

《现代交际》(创刊号)

1987年创刊,刊期不详
16开48页,定价:0.55元
编辑者:《现代交际》编辑部
出版者:吉林省社会科学院
吉林省期刊登记证第150号

高狄撰写代发刊词。专门研讨交际学理论和运用技能的综合性期刊。设"交际艺术""人情练达""涉世伊始""社交门诊"等栏目。

《逍遥游》(创刊号)

1987年1月创刊,双月刊
16开48页,定价:0.60元
编辑者:《逍遥游》编辑部
出版者:云南人民出版社
　　　　贵州人民出版社
　　　　四川人民出版社
四川省期刊登记证第160号

原《旅游天府》。设"探险猎奇""花溪漫步""旅游人物""通海之旅""花鸟虫鱼""山水之间"等栏目。

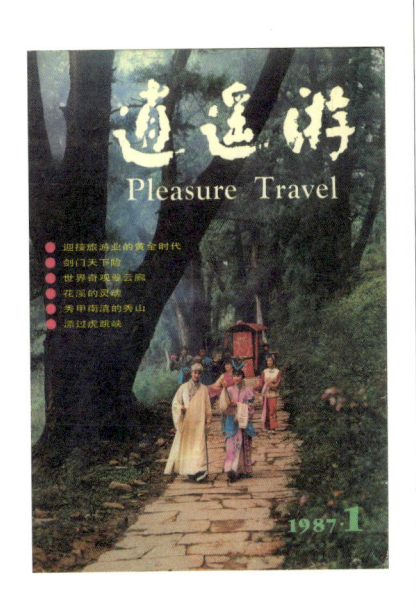

《晚霞》(试刊号)

1988年2月出版,双月刊
16开48页,定价:0.65元
主办者:四川省老龄问题委员会
编辑者:晚霞编辑部
内部报刊准印证川新出字第150号

　　1988年7月正式创刊。设"晚霞增辉""群言堂""长寿与健康"等栏目。

《女友》(创刊号)

1988年7月创刊,月刊
16开48页,定价:0.60元
编辑者:女友编辑部
出版者:女友杂志社
国内统一刊号:CN61-1064

　　社会综合性期刊。广告语为"女子的知己,男子的知音,所有男性和女性读者的良师益友"。设"新潮透视""婆婆妈妈""七色花"等栏目。

《北京国际时装》(创刊号)

1988年10月创刊,刊期不详
16开80页,定价:6.80元
出版者:中国城市经济社会出版社
书号:ISBN7-5074-0066-2/G·019

　　英若诚题写贺词。设"美容与化妆""指点装扮""着装艺术""裁剪世界"等栏目。

《中外书刊文摘》(创刊号)

1989年创刊,月刊
16开48页,定价:0.98元
编辑出版者:《中外书刊文摘》编辑部
国内统一刊号:CN11-2495

　　综合性文摘期刊。设"名人轶事""文坛艺苑""港台文库""珍闻奇趣""科学之谜"等栏目。

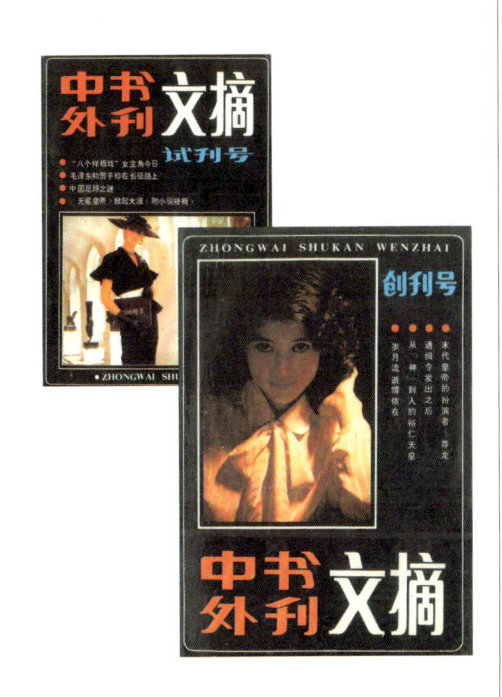

故纸藏珍——期刊创刊号欣赏

《中国编织》(创刊号)

1992年1月创刊,刊期不详
16开56页,定价:2.90元
主办者:中国轻工业出版社
编辑者:《中国编织》编辑部
国际标准刊号:ISSN1003-3130
国内统一刊号:CN11-2877/TS

刊登《现代服装》《消费指南》杂志贺信。设"编织辞海""消费之友""编织巧手"等栏目。

《世界军事》(1~2期合刊)

1992年6月创刊,刊期不详
16开140页(1~2期合刊)
定价:3.60元(1~2期合刊)
编辑出版者:新华社解放军分社《世界军事》
　　　　　　杂志社
国内统一刊号:CN11-2695

军事期刊。设"人物风云""神兵奇旅""谍海波澜"等栏目。

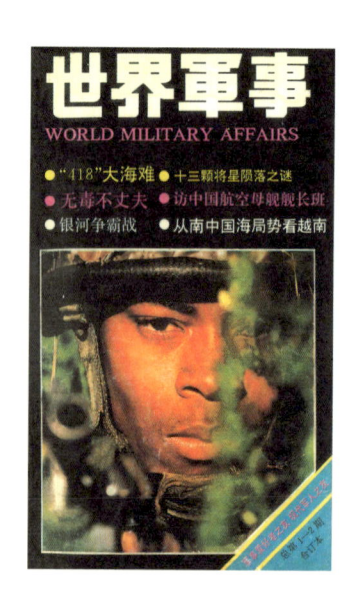

—232—

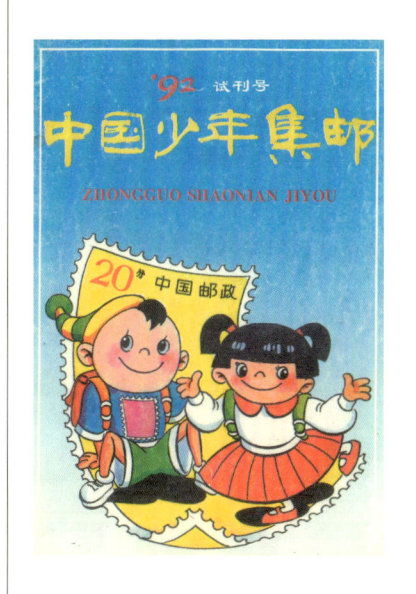

《中国少年集邮》(试刊号)

1992年9月出版,刊期不详
16开16页,定价:1.20元
编辑者:中国少年集邮编辑部
出版者:人民邮电出版社
国内统一刊号:CN11-3046/G8

　　向少年儿童介绍集邮知识的期刊。设"邮票趣谈""看邮票讲故事"等栏目。

《生活月刊》(创刊号)

1993年创刊,月刊
16开64页,定价:2.50元
主办者:黑龙江人民出版社
出版者:生活月刊杂志社
国际标准刊号:ISSN1005-0493
国内统一刊号:CN23-1340/GO

　　广告语"真人·真实·真情"。设"社会深处""名人访谈""外国月亮"等栏目。

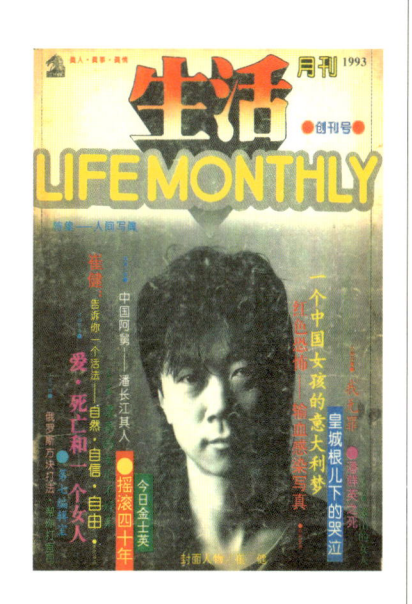

《新大陆》(创刊号)

1993年创刊,月刊
16开64页,定价:2.10元
主办者:山东省淄博市文联
编辑出版者:《新大陆》杂志社
山东省报刊出版许可证第333号

　　综合性文艺期刊。设"时事沙龙""九州风采""都市风景""发烧星族"等栏目。

《中国质量万里行》(创刊号)

1993年1月创刊,月刊
16开64页,定价:1.80元
主办者:人民日报经济部
　　　　中国新闻文化促进会
　　　　中国质量万里行活动组委会
编辑者:《中国质量万里行》编辑部
出版者:《中国质量万里行》杂志社
国内统一刊号:CN11-3114/F

　　大型质量新闻期刊。设"新闻内幕""隐身记者""纪实报道""消费经"等栏目。

—234—

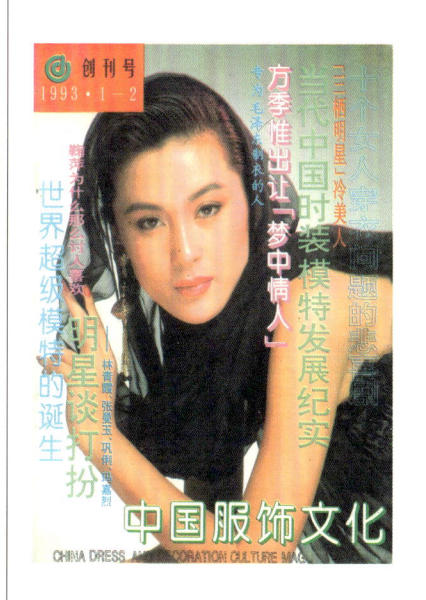

《中国服饰文化》(创刊号)

1993年1月创刊,月刊
16开72页,定价:2.95元
主办者:纺织工业部政策法规司
　　　　中国服装研究设计中心
　　　　海南省纺织工业总公司
编辑者:中国服饰文化编辑部
出版者:中国服饰文化杂志社
国内统一刊号:CN46-1031/GO

　　吴文英、冯牧、启功题写贺词,启功题写刊名。设"名模长廊""流行色""设计师的空间""穿衣镜"等栏目。

《智囊》(创刊号)

1993年1月创刊,双月刊
16开80页,定价:2.80元
编辑者:《智囊》编辑部
出版者:《智囊》杂志社
国内统一刊号:CN61-2152/C

　　财经商务期刊。设"草庐论兵""锦囊探奇""智多星传略"等栏目。

《青少年与社会研究》(创刊号)

1993年4月创刊,季刊
16开64页,定价:2.60元
主办者:中国青少年犯罪研究会西南中心
　　　　四川省社会科学院社会学研究所
编辑者:《青少年与社会研究》编辑部
四川新登(内)01-253

　　肖秧撰写代发刊词,马识途撰文祝贺。设"社会热点""多味人生""Y信箱"等栏目。

《消遣》(创刊号)

1993年6月创刊,刊期不详
16开64页,定价:2.18元
主办者:赤峰市家庭文化协会
编辑出版者:赤峰消遣杂志社
刊号:NZ15-1267

　　陈慕华题写贺词。设"名人消遣""人生百味"等栏目。

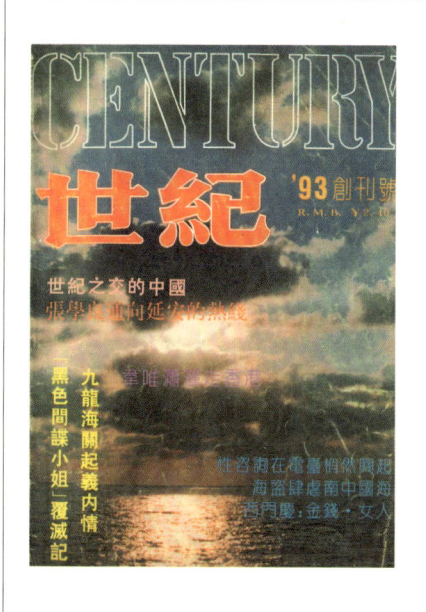

《世纪》(创刊号)

1993年7月创刊,双月刊
16开64页,定价:2.40元
主办者:中央文史研究馆
　　　　上海市文史研究馆
编辑出版者:《世纪》杂志社
国内统一刊号:CN31-1654/K

　　李铁映、陈慕华、程思远、巴金、夏衍、汪道涵题写贺词。综合性通俗期刊。设"史卷拂尘""名流综谱""黑匣曝光""故人旧事"等栏目。

《时尚》(创刊号)

1993年8月创刊,双月刊
16开96页,定价:10.00元
主办者:中国旅游报社
出版者:中国旅游报社时尚杂志社
国内统一刊号:CN11-3327/GO
国际标准刊号:ISSN1005-1988

　　旅游消费期刊。设"时尚热点""名人写真""玩得潇洒""情感世界"等栏目。

故纸藏珍——期刊创刊号欣赏

《海外星云》
(扩版试刊号,总第306期)

1993年9月出版,旬刊
16开48页,定价:0.90元
编辑出版者:《海外星云》杂志社
国际标准刊号:ISSN1002-4514
国内统一刊号:CN45-1038

　　1985年创刊时为一个半印张的周刊,1987年改为两个印张的旬刊,1994年改为三个印张的旬刊。设"时事扫描""社会剪影""影视歌坛""拍案惊奇"等栏目。

《当代人生》(创刊号)

1993年10月创刊,双月刊
16开64页,定价:2.50元
主办者:黑龙江省社会科学院人生科学
　　　　研究所　黑龙江省人生科学学会
编辑出版者:当代人生杂志社
黑龙江省新闻出版局准印证(MG)字
第268号

　　杜顯忠题写刊名。设"人生楷模""人生坎坷""艺术与人生""人生百态"等栏目。

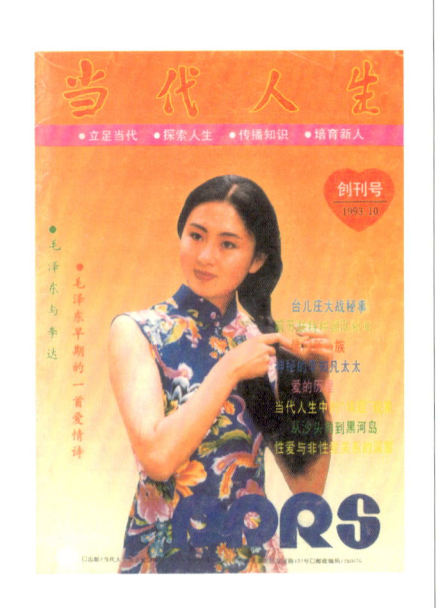

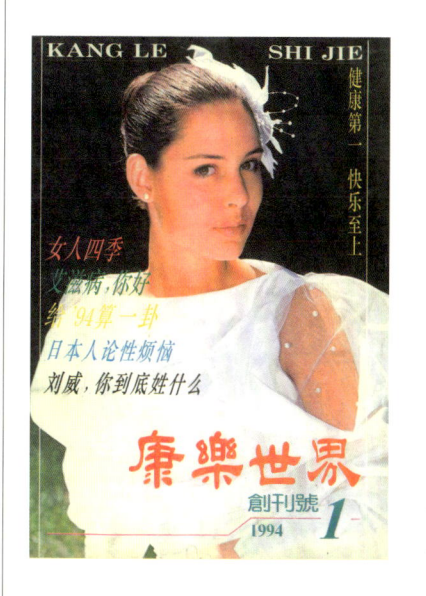

《康乐世界》(创刊号)

1994年1月创刊,双月刊
16开64页,定价:2.90元
主办者:中国中医药报社
编辑出版者:康乐世界杂志社
国际标准刊号:ISSN1005-314X
国内统一刊号:CN11-3412/R

　　吴阶平、董建华、诸国本任总顾问。设"健康新观察""家庭医生""心理驿站""音乐节拍"等栏目。

《人间指南》(创刊号)

1994年1月创刊,月刊
16开64页,定价:2.78元
编辑出版者:人间指南杂志社
期刊准印证:第01-135

　　葛优、侯耀华、赵宝刚等题写贺词。设"名人看人间""心露一滴""环球360""娱乐八爪鱼""家庭方程"等栏目。

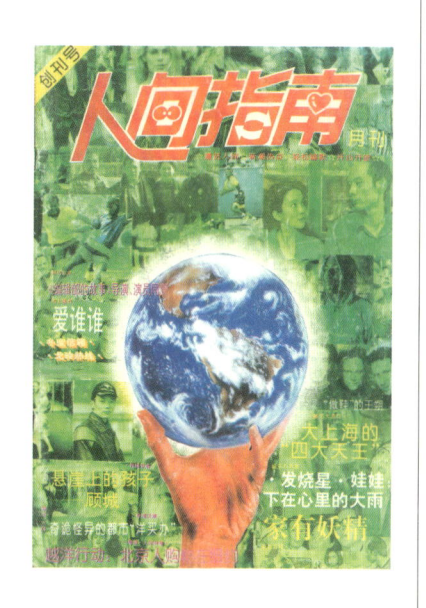

故纸藏珍——期刊创刊号欣赏

《大开放》(创刊号,总第 4 期)

1994 年 2 月创刊,月刊
16 开 64 页,定价:3.28 元
主办者:安徽省人民政府参事室
编辑出版者:开放杂志社
统一刊号:AHK-389

综合性期刊。设"时代大写真""开放风景线""开放广角镜""环球聚光灯""商场肉搏战""人生变奏曲""大地流行色""演艺呼啦圈"等栏目。

《中华锦绣》(创刊号)

1995 年 1 月创刊,月刊
8 开 60 页,定价:18.00 元
主办者:中国建筑业协会
　　　　北京大众信息中心
编辑者:《中华锦绣》编辑委员会
出版者:中华锦绣画报社
国际标准刊号:ISSN1006-3692
国内统一刊号:CN11-3589/Z

侯捷、廉仲、肖桐撰文祝贺,邵华泽、于友先、郭超人等题写贺词。设"锦绣专线""名人聊斋""城中逸事"等栏目。

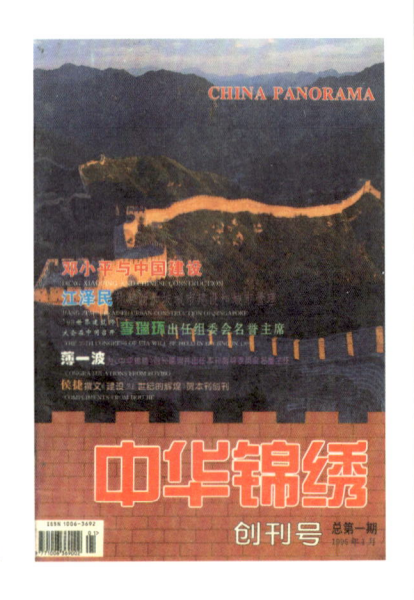

《中国卡通》(创刊号)

1996年1月创刊,月刊
16开52页,定价:4.50元
编辑者:中国卡通杂志社
出版者:中国少年儿童出版社
国际标准刊号:ISSN1007-094X
国内统一刊号:CN11-3760/J

益智类漫画连载期刊。不设栏目。

《希望月报》(创刊号)

1996年10月创刊,月刊
16开48页,定价:2.80元
主办者:中国青少年发展基金会
编辑出版者:希望月报杂志社
国际标准刊号:ISSN1007-3442
国内统一刊号:CN11-3825/C

广告语"社会的、综合的、新闻的、知识的月刊"。设"希望之星""希望之瞻""希望之声""希望之舟"等栏目。

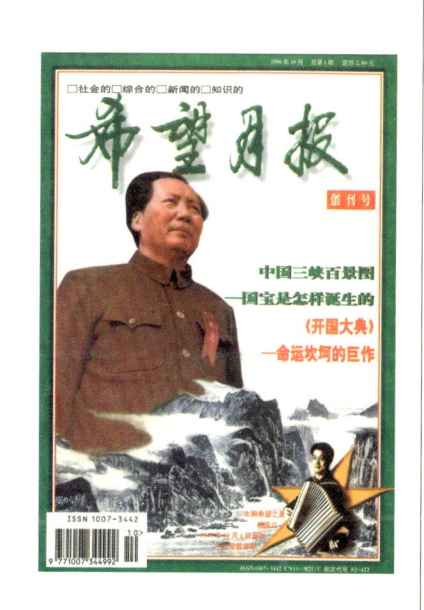

《名家》(创刊号)

1998年2月创刊,月刊
16开64页,定价:5.00元
主办者:《名家》编辑部
出版者:花山文艺出版社
国内统一刊号:CN13-1227/K

刊登各界名人非凡经历和轶闻趣事为主的纪实期刊。设"名门望族""名家相薄""青春偶像"等栏目。

《成功》(创刊号)

1999年4月创刊,刊期不详
16开64页,定价:5.00元
主办者:湖北人民出版社
编辑者:《成功》编辑部
出版者:成功杂志社
国内统一刊号:CN42-1560/C

广告语"让平凡者走向成功,让成功者走向卓越"。设"成功人物""成功学校""心理励志""人生旅途"等栏目。

—242—

第八部分　天津期刊专辑

《新港》(特大号)

1956年10月出版,月刊
16开64页,定价:0.26元
编辑者:中国作家协会天津分会新港编辑
　　　　委员会
出版者:天津人民出版社
天津市期刊登记证津刊字第009号

　　鲁迅逝世20周年纪念特大号。设"自由谈""诗歌""无花的蔷薇""故事新编"等栏目。

《海河说唱》(创刊号)

1958年7月创刊,月刊
32开48页,定价:0.15元
编辑者:天津群众艺术馆
出版者:海河说唱编辑部

　　创刊前为不定期。设"说说唱唱""剧本""百花园"等栏目。

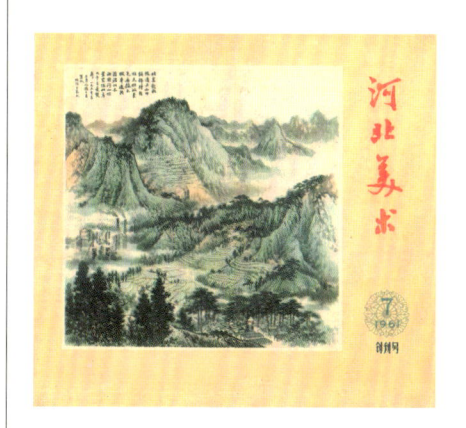

《河北美术》(创刊号)

1961年7月创刊,刊期不详
12开20页,定价:0.20元
编辑者:河北美术编辑委员会
出版者:《河北美术》社

　　以发表美术作品与有关美术理论文章的综合性美术期刊。不设栏目。

《天津土工》(创刊号)

1961年9月创刊,不定期
16开74页,工本费:0.40元,内部刊物
编辑者:天津土工编辑委员会
出版者:天津市土壤地基学会

　　学术性期刊。不设栏目。

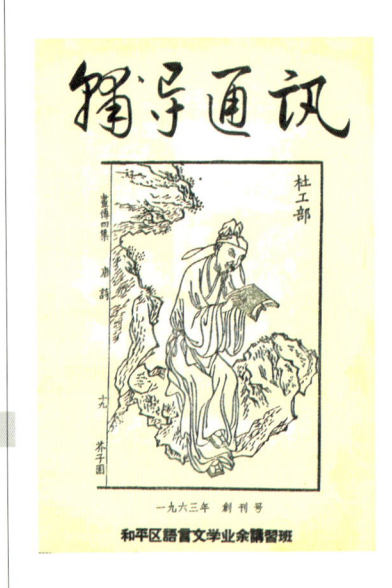

《辅导通讯》(创刊号)

1963年创刊,月刊
16开52页,内部刊物
编辑者:和平区语言文学业余讲习班

  培训辅导资料。设"治学往来""古汉语知识""词义浅译""学员学习论坛"等栏目。

《天津铸工》(创刊号)

1964年9月创刊,季刊
16开66页,定价:0.40元
主办者:天津市铸造学会
编辑者:天津铸工编辑委员会

  学术性期刊。设"试验与研究""生产经验""国外铸造技术"等栏目。

《天津无线电》(试刊号)

1965年1月出版,刊期不详
16开40页,内部刊物
编辑者:天津市无线电专业情报中心站

油印学习材料。不设栏目。

《支部生活(农村版)》(创刊号)

1966年7月创刊,月刊
32开64页,定价:0.08元
编辑者:中共天津市委支部生活农村版编辑部
津内刊党群字第5号

创刊前共出版4期试刊。不设栏目。

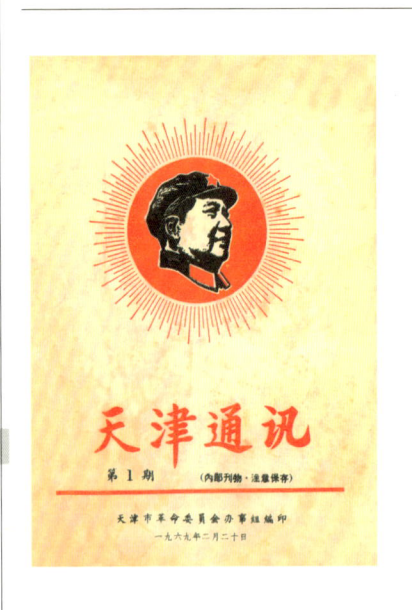

《天津通讯》(第1期)

1969年2月出版，不定期
16开34页，内部刊物
编辑者：天津市革命委员会办事组

转发中央文件为主。不设栏目。

《文艺革命通讯》(第1期)

1970年12月出版，不定期
32开80页，内部刊物
编辑者：天津市文化局革委会《文艺革命》
　　　　编辑部

为《文艺革命》报通讯员和工农兵业余作者提供文艺评论和文艺创作方面的学习和参考资料。不设栏目。

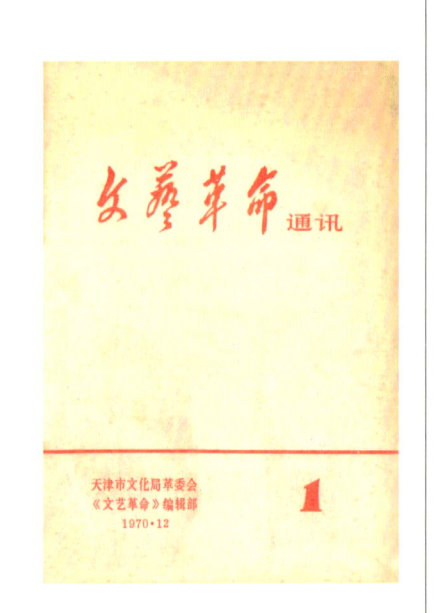

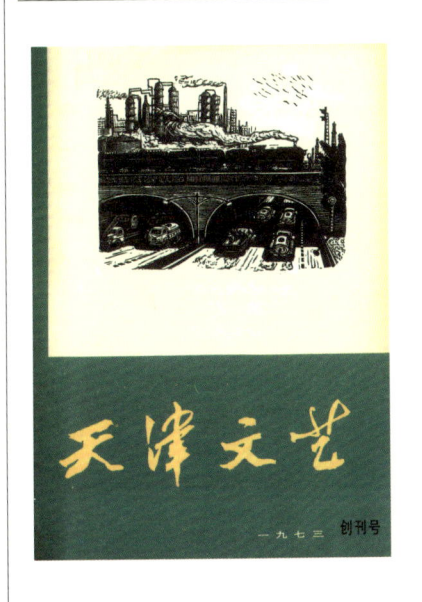

《天津文艺》(创刊号)

1973年2月创刊,双月刊
16开72页,定价:0.25元
编辑者:《天津文艺》编辑委员会
出版者:天津人民出版社

综合性的文艺期刊。设"小说·散文""诗歌""评论""故事·曲艺·歌曲""美术"等栏目。

《天津团讯》(创刊号)

1976年5月创刊,刊期不详
16开64页,内部刊物
主办者:共青团天津市委员会
编辑者:共青团天津市委员会宣传部

指导共青团工作期刊。不设栏目。

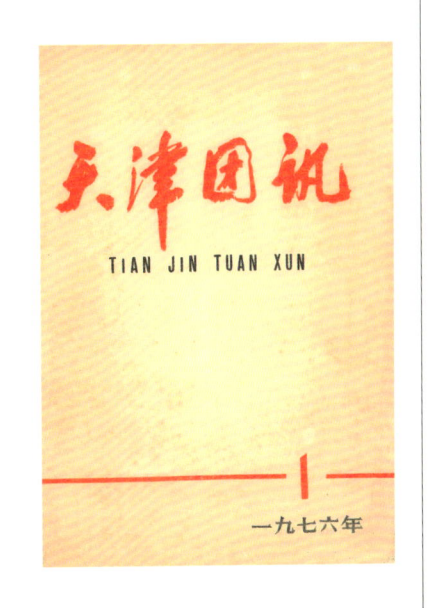

故纸藏珍——期刊创刊号欣赏

《天津通用机械》(创刊号)

1977年10月创刊,刊期不详
16开40页,内部刊物
编辑者:《天津通用机械》编辑部
出版者:天津市通用机械公司技术情报
　　　　标准化中心站

　　技术期刊。设"试验研究""新产品""生产线""经验交流"等栏目。

《天津文史资料选辑》(第一辑)

1978年12月出版,不定期
32开172页,定价:0.52元,内部发行
编辑者:中国人民政治协商会议天津市
　　　　委员会文史资料研究委员会
出版者:天津人民出版社
统一书号:11072·41

　　旨在贯彻落实第五届全国政协章程规定的"搜集、整理、编写中国现代史、革命史等资料"的工作任务,推动文史资料工作的开展。不设栏目。

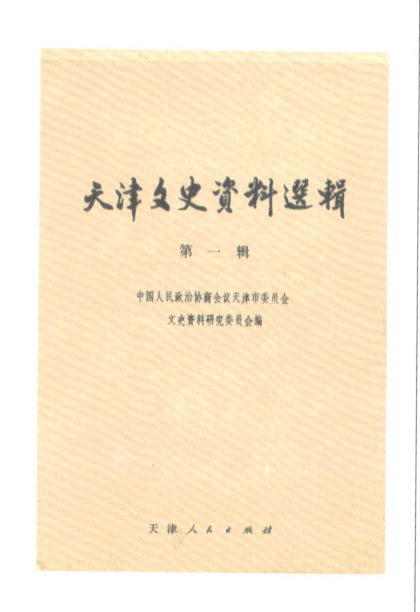

—250—

《文艺增刊》(创刊号)

1979年创刊,季刊
16开64页,定价:0.25元
编辑出版者:天津日报编辑部

《天津日报》专栏"文艺周刊"编辑出版的期刊。刊登文艺创作、文学评论、文艺欣赏等方面的文章。不设栏目。

《天津师院学报》(特刊号)

1979年6月出版,刊期不详
16开96页,本期不零售
编辑者:天津师院学报编辑部

天津师院政史系历史教研组部分同志为人民教育出版社编写的《中国近代简史》(近代部分)作为特刊内容赠送读者。不设栏目。

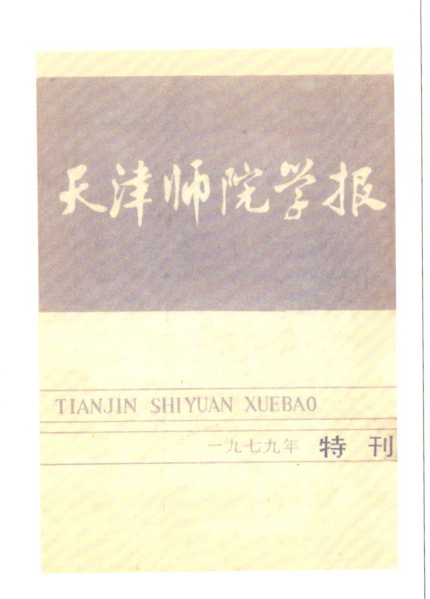

《红楼梦学刊》(第一辑)

1979年8月出版,季刊
32开348页,定价:1.08元
编辑者:文化部文学艺术研究院红楼梦学刊
　　　　编辑委员会
出版者:百花文艺出版社
书号:10151·486

　　茅盾题写刊名。专门研究《红楼梦》的综合性学术期刊。设"红注集锦""红楼一角""红学书窗"等栏目。

《迎春花》(创刊号)

1979年12月创刊,不定期
16开64页,定价:1.00元
编辑出版者:天津人民美术出版社
统一书号:8073·50140

　　高镜明题写刊名。不设栏目。

《影剧美术》(创刊号)

1980年创刊,双月刊
16开36页,定价:0.50元
编辑者:《影剧美术》编辑委员会
出版者:天津人民美术出版社
书号:8073·50147

　　介绍电影和戏剧两门综合性艺术及银幕、舞台背后的美术工作。不设栏目。

《科学与生活》(创刊号)

1980年创刊,月刊
16开64页,定价:0.38元
编辑者:《科学与生活》编辑部
出版者:天津科学技术出版社
书号:13212·11

　　茅以升、杨石先、高士其撰文祝贺。综合性科学普及期刊。设"科学展望""谈天说地""说古道今""古今科学家""艺术科学""科学文艺"等栏目。

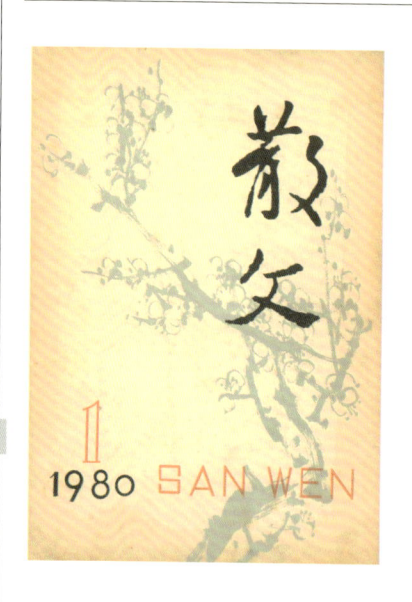

《散文》(创刊号)

1980年创刊,月刊
16开48页,定价:0.25元
编辑出版者:百花文艺出版社

文学期刊。设"海天片羽""艺苑拾英""科学小品""散文名作欣赏"等栏目。

《天津师专学报》(创刊号)

1980年创刊,不定期
16开88页,内部刊物
编辑者:天津师专学报编辑部

学术性期刊。设"学习体会""学术研究""教学漫谈""资料"等栏目。

《小说月报》(创刊号)

1980年1月创刊,月刊
16开96页,定价:0.45元
编辑出版者:百花文艺出版社

茅盾题写刊名。不设栏目。

《电影介绍》(创刊号)

1980年1月创刊,月刊
32开32页,定价:0.15元
编辑出版者:天津市电影公司《电影介绍》
　　　　　编辑部

专门介绍电影的期刊。不设栏目。

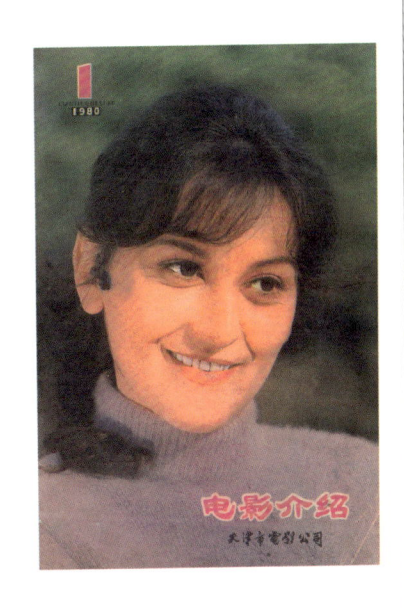

《天津演唱》(相声专号,总第 24 期)

1980 年 1 月出版,月刊
16 开 48 页,定价:0.22 元
编辑出版者:《天津演唱》编辑部

　　创刊于 1976 年。设"小段""群众点发""传统曲艺鉴赏""演员作者简介"等栏目。

《八小时以外》(创刊号)

1980 年 1 月创刊,月刊
16 开 64 页,定价:0.44 元
编辑出版者:天津人民出版社
统一书号:15072·33

　　综合性文化期刊。设"夜读偶记""生活一页""艺术之窗""神州漫笔""运动场上""生活服务台"等栏目。

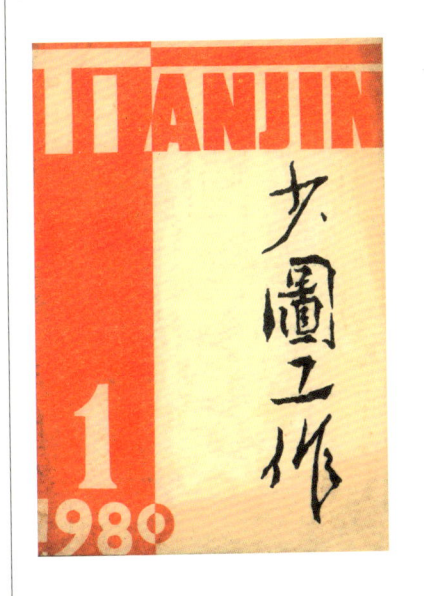

《少图工作》(第1期)

1980年1月出版,季刊
16开40页,内部刊物
编辑者:天津市少年儿童图书馆
　　　　《少图工作》编辑部

　　袁静题写贺词。设"经验介绍""阅读指导""读书札记""少图通讯"等栏目。

《接班人》(改刊号,总第112期)

1980年1月出版,月刊
32开80页,定价:0.17元
编辑出版者:新蕾出版社
统一书号:R10213·17

　　原《革命接班人》。设"科学小实验""作家小故事"等栏目。

故纸藏珍——期刊创刊号欣赏

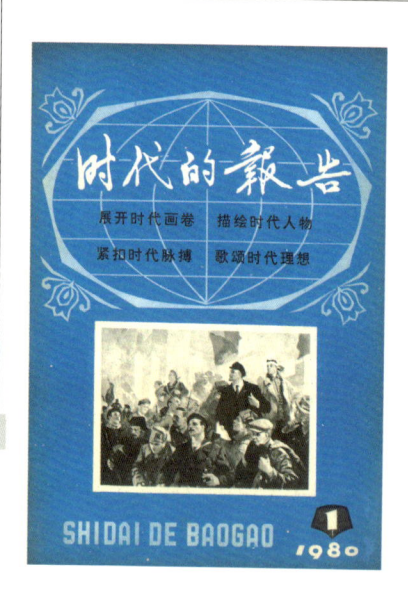

《时代的报告》(创刊号)

1980年3月创刊,季刊
16开224页,定价:1.00元
编辑者:时代的报告杂志社
出版者:天津日报社

  茅盾题写刊名。以报告文学为主的文学期刊。设"时代画卷""国际专栏""思想评论"等栏目。

《文稿与资料》(创刊号)

1980年3月创刊,不定期
16开56页,内部刊物
主办者:天津社会科学院
   天津市哲学社会科学学会联合会
编辑出版者:天津社会科学院
    《文稿与资料》编辑部

  综合性社会科学理论期刊。不设栏目。

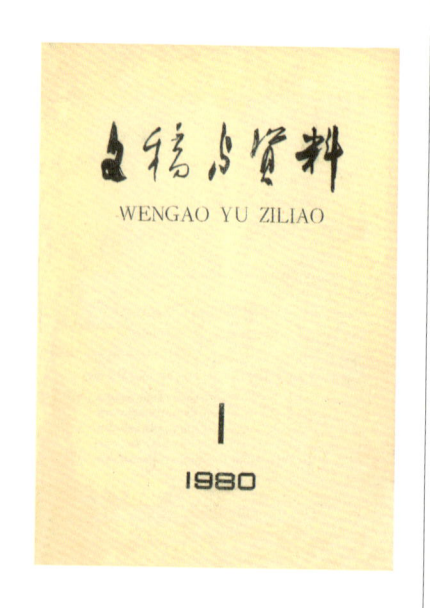

—258—

《文化译丛》(创刊号)

1980年4月创刊,季刊
32开168页,定价:0.45元
编辑出版者:天津外国语学院《文化译丛》编辑部

翻译介绍外国文化科学知识为主。设"作家与作品""文化之窗""科普知识""语言与教学"等栏目。

《科学学与科学技术管理》(创刊号)

1980年5月创刊,刊期不详
16开64页,定价:0.39元
编辑者:科学学与科学技术管理编辑委员会
出版者:科学学与科学技术管理杂志社

钱三强、周克、杨石先撰文祝贺。旨在总结科学技术的发展规律,促进我国科技现代化而创办的普及性学术期刊。设"科学学论坛""科学与教育""研究与探讨"等栏目。

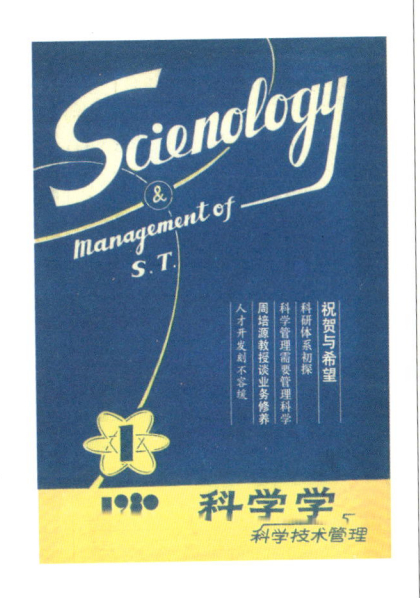

《广播电视杂志》(创刊号)

1980年6月创刊,刊期不详
16开80页,定价:0.54元
编辑出版者:《广播电视杂志》编辑室

  以广播、电视听众、观众和通讯员为主要对象的期刊。设"听众来信""祖国各地""生活顾问""知识小品"等栏目。

《天津航海》(创刊号)

1980年8月创刊,不定期
16开48页,内部刊物
编辑者:《天津航海》编辑部
出版者:天津航海学会

  普及与科技相结合的期刊。设"基础知识""国外航运动态"等栏目。

《工业美术》(创刊号)

1980年9月创刊,刊期不详
16开44页,内部刊物
编辑者:天津市工艺美术设计院

  旨在为发展繁荣工业美术事业服务、为提高工业产品的设计水平服务。设"理论研究""设计体会""艺术杂谈"等栏目。

《美术之窗》(第1期)

1980年11月出版,不定期
16开24页,内部刊物
编辑者:中国美术家协会天津分会

  旨在开展学术研究、交流创作经验、评介美术作品、报导美术动态。不设栏目。

故纸藏珍——期刊创刊号欣赏

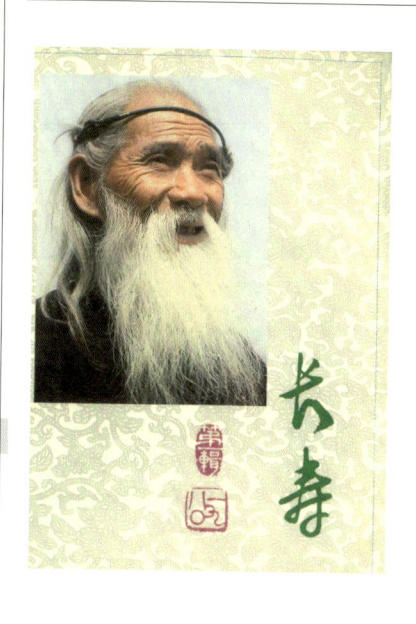

《长寿》(创刊号)

1980年12月创刊,不定期
16开64页,定价:0.46元
编辑者:《长寿》编辑部
出版者:天津科学技术出版社
统一书号:14212·29

叶圣陶题词祝贺,赵朴初题诗祝贺,高士其、吴阶平、吕炳奎撰文祝贺,郑集撰写代发刊词,钱信忠题写刊名。设"霜叶红""老年病防治""益寿之道""退休之后""文艺一隅"等栏目。

《俱乐部》(创刊号)

1981年创刊,刊期不详
16开32页,内部刊物
编辑者:天津市第二工人文化宫

面向工会干部和职工群众的综合文艺期刊。设"剧作新花""班组生活""工厂舞台""业余教育"等栏目。

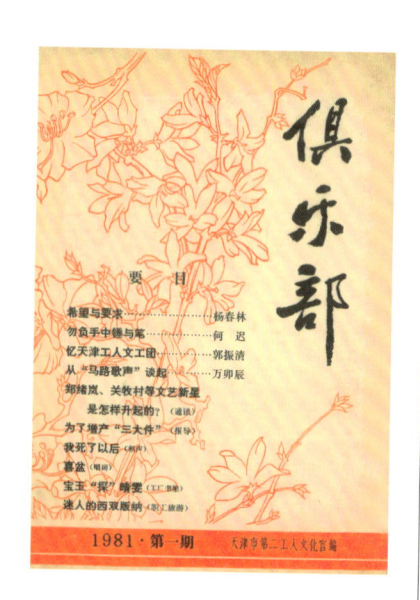

《作品与争鸣》(创刊号)

1981年1月创刊,月刊
16开80页,定价:0.40元
编辑者:中国当代文学研究会《作品与争鸣》
　　　　编辑部
出版者:百花文艺出版社

文学期刊。不设栏目。

《天津剧作》(创刊号)

1981年1月创刊,不定期
16开172页,内部刊物
编辑出版者:中国戏剧家协会天津分会
　　　　　　天津市文化局戏剧研究室

刊登剧本为主。不设栏目。

故纸藏珍——期刊创刊号欣赏

《智慧树》(创刊号)

1981年2月创刊,双月刊
16开96页,定价:0.45元
编辑出版者:新蕾出版社
统一书号:R10213·43

　　科学文艺期刊。设"外国科学幻想小说""知识童话""科学诗"等栏目。

《津门文讯》(创刊号)

1981年3月创刊,不定期
16开36页,内部刊物
编辑者:天津市文联理论研究室编

　　文艺创作与评论期刊。不设栏目。

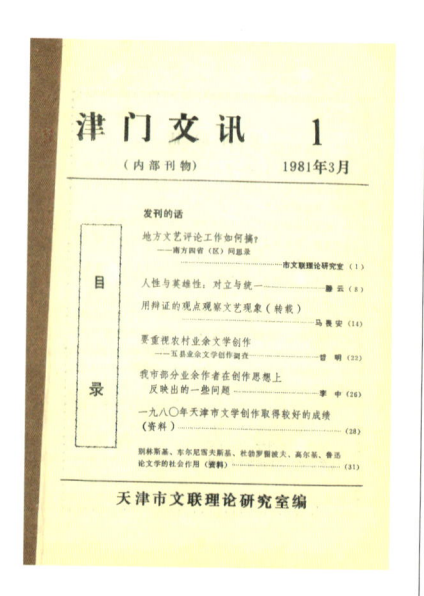

—·264·—

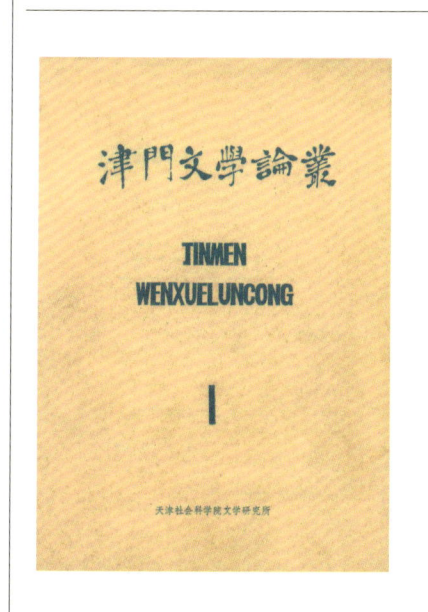

《津门文学论丛》(创刊号)

1981年6月创刊,不定期
16开56页,内部刊物
编辑者:《津门文学论丛》编辑部
出版者:天津社会科学院文学研究所

文学期刊。不设栏目。

《杂技与魔术》(创刊号)

1981年9月创刊,刊期不详
16开48页,定价:0.39元
编辑者:《杂技与魔术》编辑部
出版者:天津科学技术出版社
统一书号:8212·2

周巍峙撰文祝贺。李仲耘题写刊名。设"杂技研究""节目欣赏""说古论今""艺人传奇"等栏目。

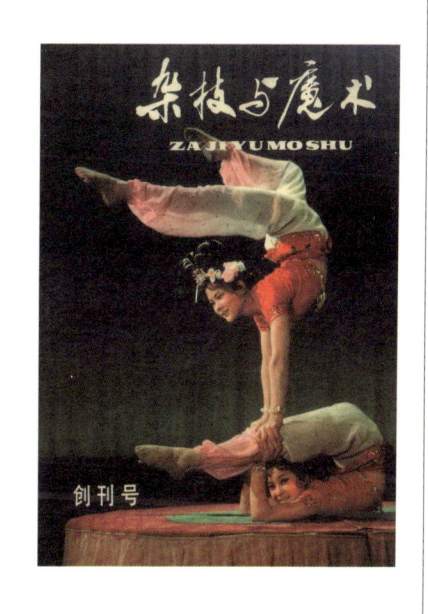

《剧坛》(创刊号)

1981年11月创刊,双月刊
16开64页,定价:0.35元
主办者:中国戏剧家协会天津分会
编辑者:《剧坛》编辑部
天津市报刊登记证第071号

　　王学仲题写刊名。综合性戏剧期刊。不设栏目。

《天津社会科学》(创刊号)

1981年12月创刊,双月刊
16开96页,内部刊物
主办者:天津社会科学院
　　　　天津市哲学社会科学学会联合会

综合性哲学社会科学期刊。不设栏目。

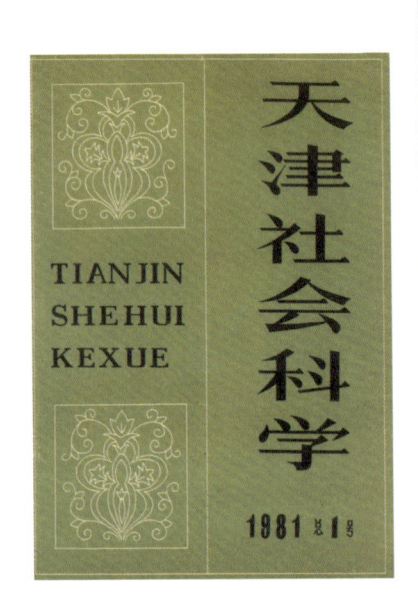

《故事画报》(创刊号)

1982年创刊,不定期
16开48页,定价:0.28元
编辑者:《故事画报》编辑部
出版者:天津人民美术出版社
书号:8073·30628

　　连环画期刊。不设栏目。1987年12月终刊。

《天津中医学院学报》(创刊号)

1982年创刊,季刊
16开48页,内部刊物
编辑出版者:《天津中医学院学报》编辑部

　　为中医教学、科研、临床服务的综合性学术期刊。设"理论研究""教学研究""临床报导""津门名医"等栏目。

故纸藏珍——期刊创刊号欣赏

《国外机械》(创刊号)

1982年7月创刊,月刊
16开56页,内部刊物
编辑者:《国外机械》编辑部
出版者:天津大学图书馆

强调情报性质的翻译期刊。不设栏目。

《大众花卉》(创刊号)

1982年10月创刊,双月刊
16开32页,定价:0.35元
主办者:天津市园林学会
编辑出版者:大众花卉编辑部
天津市报刊登记证第092号

李鹤年题写刊名。旨在丰富人民生活,普及科学知识,促进精神文明。设"国花讨论""花卉趣谈""养花需知""栽培技术""门诊部"等栏目。

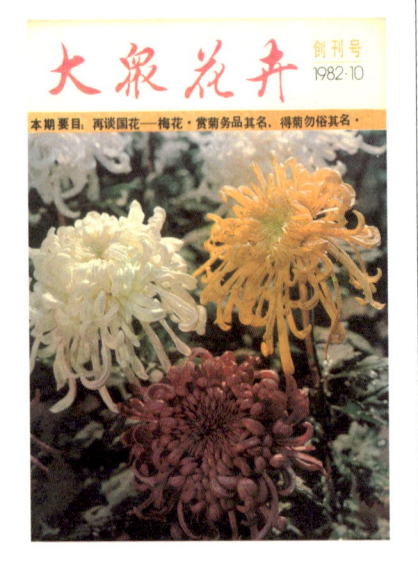

《插图》(第一辑)

1982年12月出版,月刊
16开44页,定价:1.40元
出版者:天津人民美术出版社
统一书号:8073·50246

　　读者对象为插图艺术画家、美术工作者和插图爱好者。设"评介文章""现代题材作品插图""古典题材作品插图""外国题材作品插图""外国画家插图作品"等栏目。

《书画研究》(创刊号)

1983年创刊,刊期不详
16开40页,内部刊物
编辑者:和平区文化馆书画研究会

　　油印期刊。不设栏目。

《海河》(第一辑)

1983年出版,刊期不详
16开80页,工本费:0.35元
主办者:天津市总工会宣传部
编辑者:《海河潮》编辑部

建设文学丛刊。设"短篇小说""报告文学""散文""诗"等栏目。

《经营与管理》(试刊号,总第1期)

1983年1月出版,双月刊
16开64页,定价:0.34元
主办者:南开大学管理学系
　　　　天津市企业管理协会
编辑者:《经营与管理》编辑部
天津市期刊登记证第101号

旨在传播企业经营与管理的先进经验、探讨有关经济科学和管理的理论与实践的综合性期刊。设"笔谈会""管理经验""市场预测""经营史话"等栏目。

《小说家》（创刊特大号）

1983年5月创刊，双月刊
16开288页，定价：1.00元
编辑出版者：百花文艺出版社
天津市报刊登记证第103号

  文学期刊。设"中篇小说""长篇小说""小说家论坛""小说家的故事"等栏目。2003年改名为《小说月报·原创版》。

《智力》（创刊号）

1983年7月创刊，双月刊
16开24页，定价：0.24元
编辑出版者：智力杂志编辑部
天津市报刊登记证第108号

  刊登智力谜题、逻辑推理故事、解谜辅导等内容的少儿期刊。不设栏目。

《海河志通讯》(创刊号)

1983年9月创刊,刊期不详
16开72页,内部刊物
编辑者:《海河志》编辑办公室

为沟通《海河志》编纂工作情况,积累资料和交流经验,开展学术探讨而创办。不设栏目。

《北郊创作》(创刊号)

1984年创刊,刊期不详
16开38页,内部刊物
主办者:天津市北郊区文化馆创作组

文学期刊。设"新人新作""乡间采撷""散文之页""诗苑"等栏目。

《物理学史丛刊》(第1期)

1984年出版,刊期不详
16开60页,内部刊物
编辑者:天津市自然辩证法研究会
　　　　天津市物理学会物理学史研究组

　　宗旨是宣传、普及、交流有关物理学史知识和资料。不设栏目。

《艺术研究》(第1期)

1984年1月出版,季刊
16开200页,内部刊物
编辑者:天津市艺术研究所《艺术研究》编辑部

　　辛一夫题写刊名,马献廷撰文祝贺。设"艺术理论""艺术美学""艺术欣赏""艺术史料""艺术短论""艺术家谈艺"等栏目。

《伦理学与精神文明》(改刊号,总第8期)

1984年2月出版,双月刊
16开48页,定价:0.28元
主办者:中国伦理学会 天津社会科学院
编辑者:《伦理与精神文明》编辑部
天津市报刊登记证第116号

  1982年10月创刊后出版7期,从第8期开始公开发行。研究和普及宣传马克思主义伦理学和共产主义道德的理论期刊。设"婚姻家庭道德""职业道德""伦理学漫步""道德史话""道德杂谈"等栏目。

《天津医学情报》(创刊号)

1984年6月创刊,月刊
16开20页,内部刊物
主办者:天津市医学科学技术情报研究所

  原《医药参考》。不设栏目。

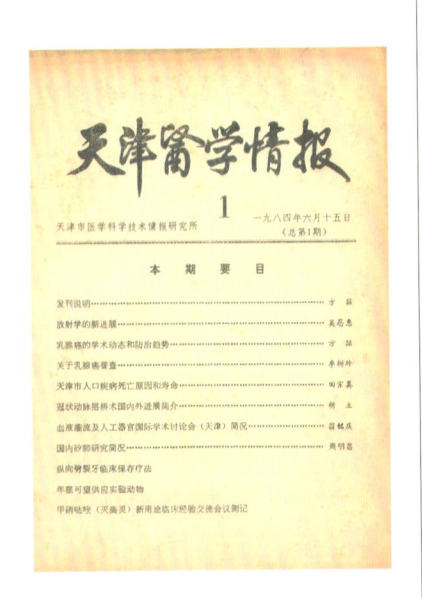

《天津大学(北洋大学)校友通讯》
(创刊号)

1984年7月创刊,刊期不详
16开88页,内部刊物
编辑者:《天津大学(北洋大学)校友通讯》
　　　　编辑部
出版者:天津大学(北洋大学)校友总会

　　史绍熙撰写发刊词。设"知名校友""北洋记往""母校动态"等栏目。

《天津中医》(创刊号)

1984年10月创刊,双月刊
16开56页,定价:0.35元
主办者:天津市中医学会
　　　　天津市中西医结合研究会
　　　　天津中医学院
　　　　天津卫生职工医学院
编辑者:《天津中医》编辑部
天津市期刊登记证第122号

　　崔月犁撰文祝贺。设"老中医经验""临床报道""针灸经络""学术探讨"等栏目。

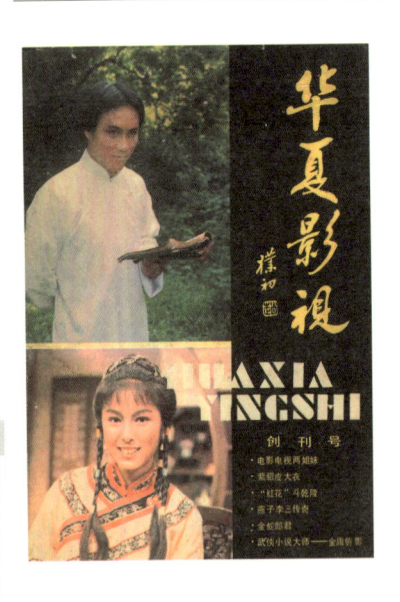

《华夏影视》(创刊号)

1984年11月创刊,刊期不详
16开100页,定价:0.75元
编辑者:《华夏影视》编辑部
出版者:天津电影制片厂
天津市期刊登记证第140号

肖华、叶君健、斯琴高娃等题写贺词。不设栏目。

《天津水利志通讯》(第1期)

1984年11月出版,不定期
16开94页,内部刊物
编辑者:《天津水利志》编辑办公室
天津市报刊登记证第369号

服务对象为全市从事水利工作的广大干部、工程技术人员、工人和水利志编写工作者。设"编志文存""海河干流史料""修志知识"等栏目。

《天津美院学报》(创刊号)

1984年11月创刊,季刊
16开68页,定价:0.80元
编辑出版者:天津美院学报编辑部
天津市报刊登记证第139号

陈因题写刊名。不设栏目。

《质量春秋》(试刊号)

1984年12月出版,季刊
16开32页,定价:0.30元
编辑者:《质量春秋》编辑部
天津市期刊登记证第134号

　　天津市、河北省、山西省、内蒙古自治区、贵州省五省市质量管理协会会刊。设"TCQ在基层""方法·工具""优秀企业·优秀产品"等栏目。

《蓝盾》(创刊号)

1985年创刊,月刊
16开80页,定价:0.68元
编辑出版者:《蓝盾》杂志社
天津市报刊登记证第148号

启功题写刊名。刊登法制题材文学作品为主。设"报告文学""社会奇闻录""漫话旧案""蓝盾论坛"等栏目。

《离子交换与吸附》(创刊号)

1985年创刊,季刊
16开64页,定价:0.65元
编辑出版者:《离子交换与吸附》编委会
天津市报刊登记证第361号

何炳林撰写发刊词。设"研究论文""研究简报""经验交流"等栏目。

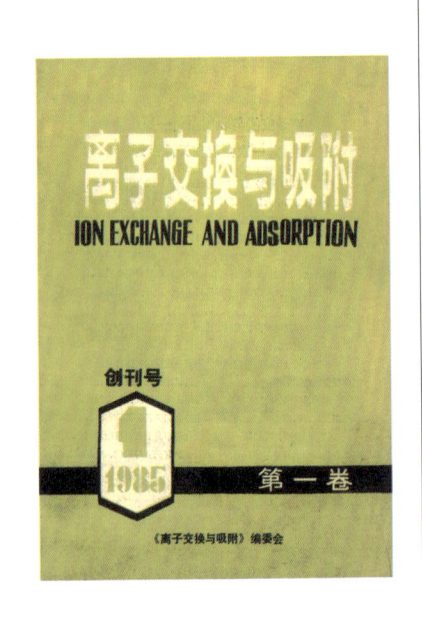

《开拓与研究》(创刊号)

1985年创刊,刊期不详
16开40页,内部刊物
编辑者:工交系统职工思想政治工作研究会
　　　　秘书处

张再旺题写刊名。设"领导同志讲话""论文选登""经验介绍"等栏目。

《职工高教》(创刊号)

1985年创刊,刊期不详
16开56页,内部刊物
主办者:天津河北职大
编辑者:《职工高教》编辑部
出版者:河北职大科研处

张淑琪撰写创刊词。设"教改探索""论著选登""校友园地"等栏目。

《天津市政法管理干部学院校刊》
（试刊号，总第 1 期）

1985 年 1 月出版，不定期
16 开 42 页，内部刊物
编辑者：《天津市政法管理干部学院校刊》
　　　　编辑室

　　刊登学术论文、调查报告、教学经验、学习体会、学术动态等内容。不设栏目。

《求医问药》（创刊号）

1985 年 1 月创刊，双月刊
16 开 48 页，定价：0.38 元
主办者：天津医学院
编辑者：《求医问药》杂志编辑部
天津市报刊登记证第 138 号

　　崔月犁致信祝贺，吴咸中撰写创刊词。医药咨询科普期刊。设"妇与幼""药物知识""中医中药""在生活之中"等栏目。

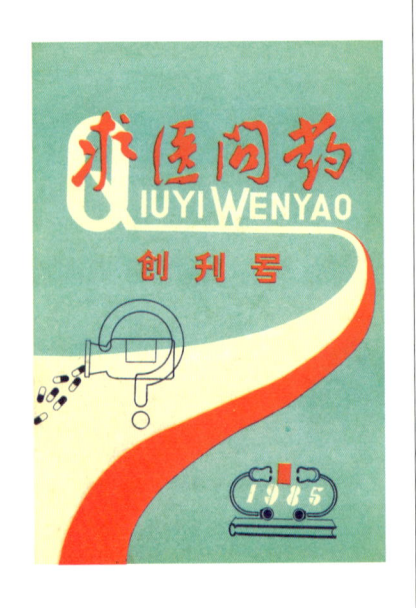

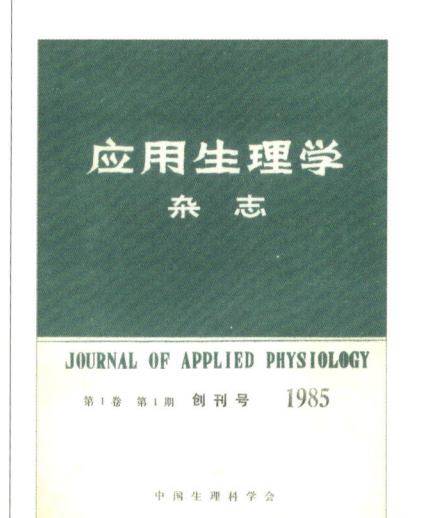

《应用生理学杂志》(创刊号)

1985年2月创刊,季刊
16开80页,定价:0.85元
主办者:中国生理科学会
出版者:应用生理学杂志编辑部
出版登记号:(津)126

学术期刊。不设栏目。

《健康文摘》(创刊号)

1985年2月创刊,刊期不详
16开32页,定价:0.30元
编辑出版者:《健康文摘》编辑部
天津市报刊登记证第133号

　　崔月犁、路达题写贺词。设"营养参谋""妇科顾问""养生之道""疾病防治""医药新花"等栏目。

故纸藏珍——期刊创刊号欣赏

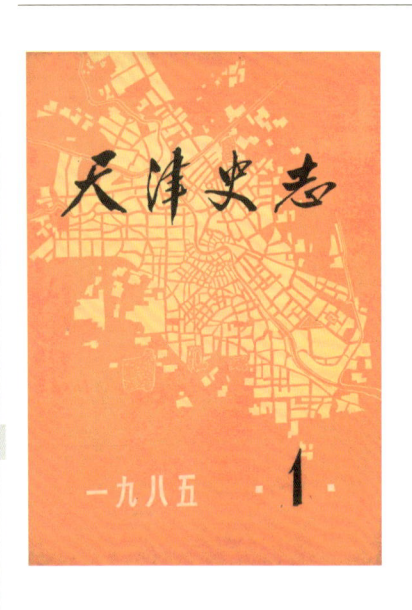

《天津史志》(创刊号)

1985年2月创刊,双月刊
16开64页,内部刊物
主办者:天津市地方史志编修委员会
编辑者:天津地方史志编委会总编室
天津市报刊登记证第386号

曾三题写刊名,张再旺、李瑞环、陈冰、董一博题写贺词。设"史志研究""沽上春秋""民俗方言""史志百家""文物考古"等栏目。

《人与法》(创刊号)

1985年2月创刊,双月刊
16开64页,定价:0.48元
编辑出版者:天津法制报刊社《人与法》
　　　　　编辑部
天津市报刊登记证第142号

邹瑜、方纪、张友渔题写贺词,宋树涛撰文祝贺,赵半知题写刊名。设"乾坤正气""侦破通讯""法律趣谈""法苑英华""律师一休"等栏目。

—282—

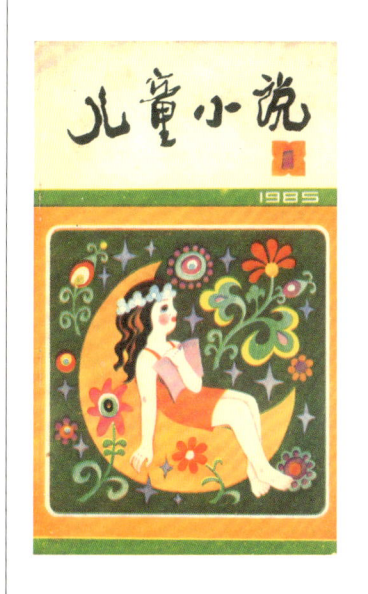

《儿童小说》(创刊号)

1985年2月创刊,双月刊
32开108页,定价:0.30元
编辑者:中国作家协会天津分会《儿童小说》
　　　　编辑部
天津市期刊登记证141号

　　冰心题写贺词,严文井撰文祝贺。设"中篇小说""微型小说""名篇欣赏"等栏目。

《天津园林》(创刊号)

1985年6月创刊,刊期不详
16开68页,内部刊物
主办者:天津市园林学会
编辑者:《天津园林》刊物编辑工作委员会

　　学术性期刊。刊登对发展我国及天津市园林事业有参考价值的国外有关论文和译文。不设栏目。

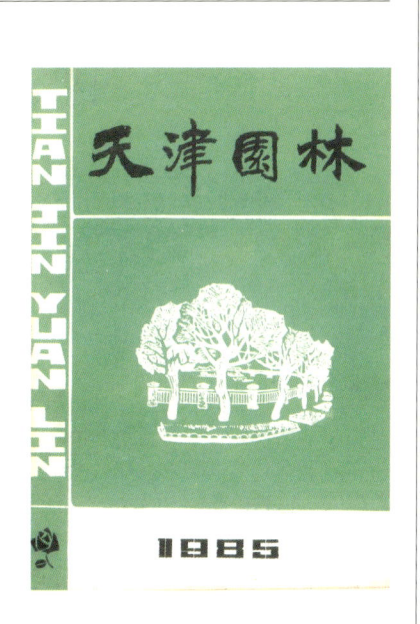

《犯罪心理研究》(创刊号)

1985年8月创刊,刊期不详
16开64页,定价:0.65元
编辑者:《犯罪心理研究》杂志编辑部
出版者:中国展望出版社
统一书号:17271·024

　　费孝通题写刊名。设"预防与预测""理论探索""案例剖析"等栏目。

《民风》(创刊号)

1985年11月创刊,双月刊
16开48页,定价:0.43元
主办者:天津市文联 中国民研会天津分会
编辑出版者:《民风》编辑部
天津市报刊登记证第163号

　　梁斌题写贺词。设"月下说书""田野风情""瓜棚夜话""沃土短笛""五彩花絮"等栏目。

《文学自由谈》(创刊号)

1985年11月创刊,双月刊
32开160页,定价:0.70元
编辑者:文学自由谈杂志社
出版者:百花文艺出版社
津期刊登记证第168号

冯骥才、腾云任主编。设"文学自由思议""作家四人谈""文学思考""文学通信"等栏目。

《茂林学刊》(创刊号)

1985年前后,不定期
16开56页,内部刊物
主办者:天津茂林文化进修学院

书法教育与学术研究期刊。设"函授园地""名家与名作""知识林""书林清音"等栏目。

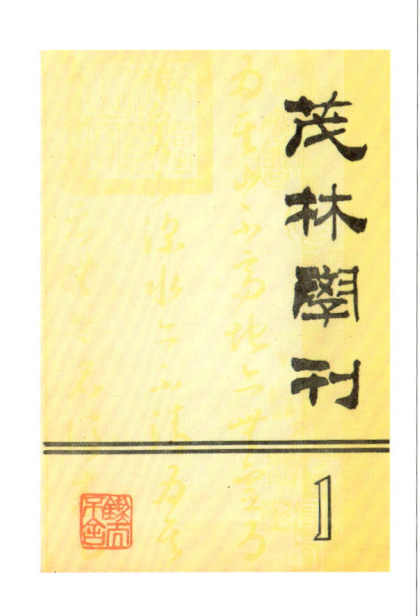

故纸藏珍——期刊创刊号欣赏

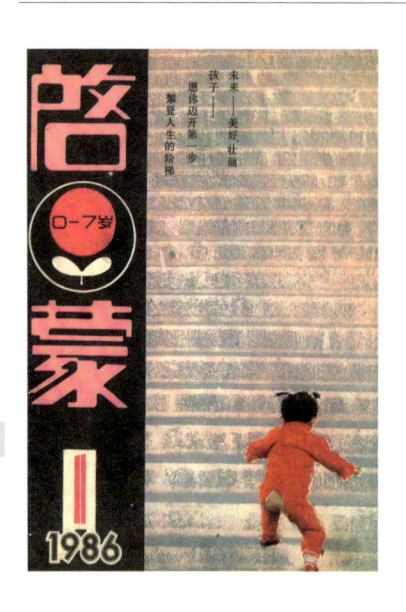

《启蒙》(创刊号)

1986年创刊,月刊
16开32页,定价:0.35元
编辑者:《启蒙》编辑部
出版者:天津教育杂志社
津报刊登记号第170号

　　康克清题写贺词。指导婴幼儿教育的通俗期刊。设"科研点滴""德育札记""小溪纵横""家教采珍""孩提回忆"等栏目。

《天津文博》(创刊号)

1986年创刊,不定期
16开96页,内部刊物
编辑者:天津市文物博物馆学会

　　天津市文物博物馆学会成立大会暨第一次学术讨论会专刊。设"改革与探讨""博物馆学研究""文物保护""考古及史料"等栏目。

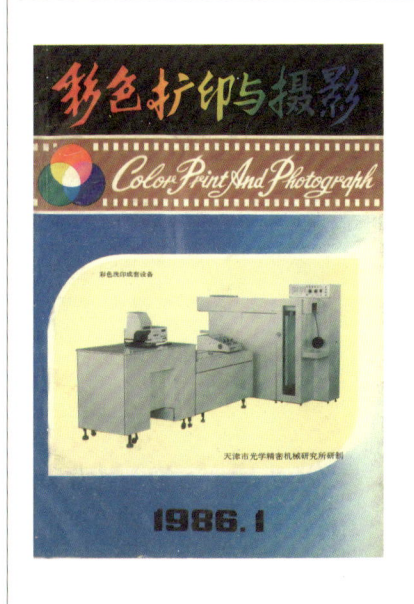

《彩色扩印与摄影》(创刊号)

1986年1月创刊,刊期不详
16开60页,内部刊物
编辑者:《彩色扩印与摄影》编辑部
出版者:天津光学精密机械研究所

  面向全国各彩扩服务部、照相馆、生产厂家、科研单位及广大业余摄影爱好者。设"彩扩设计与信息""质量控制""彩色暗房"等栏目。

《少年书法》(创刊号)

1986年2月创刊,刊期不详
16开24页,定价:0.41元
出版者:新蕾出版社
统一书号:R7213·293

  舒同撰写发刊词。设"书法作品选评""小小书法家""病字求医"等栏目。

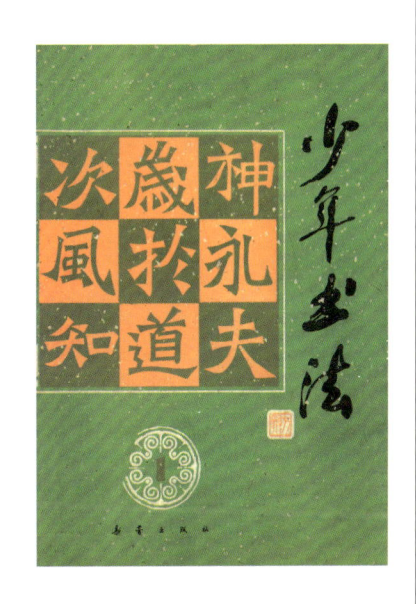

《天津成人教育》(创刊号)

1986年2月创刊,双月刊
16开48页,内部刊物
主办者:天津市第二教育局
　　　　天津市成人教育学会
编辑者:《天津成人教育》编辑部
天津市期刊登记号418

　　李鹤年题写刊名。以成人教育理论研究为主的综合性期刊。设"继续教育""自学之友""外国成人教育"等栏目。

《针灸函授杂志》(创刊号)

1986年3月创刊,刊期不详
16开48页,内部刊物
主办者:天津中医学院针灸系
编辑者:振兴针灸函授学院《针灸函授杂志》
　　　　编辑部

　　鲁之俊、程莘农等题写贺词。针灸函授教学辅导期刊。设"自学指导""经络研究""针刺手法""专题讲座"等栏目。

《天津市历史博物馆馆刊》(创刊号)

1986年12月创刊,刊期不详
16开96页,内部刊物
编辑出版者:天津历史博物馆
天津市内部刊物准印证211号

关于天津史研究和博物馆陈列的学术期刊。设"津门考古""天津史志""天津民俗""地方史料""馆藏文物"等栏目。

《中国油画》(创刊号)

1987年创刊,刊期不详
12开36页,定价:2.80元
编辑者:《中国油画》编委会
出版者:天津人民美术出版社
天津市报刊登记证第8号

中国美术家协会油画艺术委员会参与编辑。设"画家介绍""现代艺术思潮""技法与材料"等栏目。

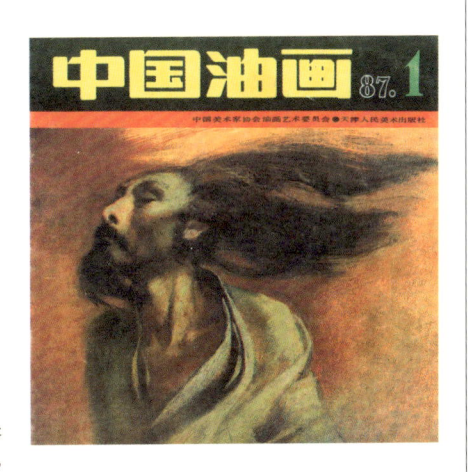

《天津画报》(试刊号)

1987年出版,刊期不详
8开44页,定价不详
编辑出版者:天津新闻图片社

综合性画报。不设栏目。

《天津团声》(创刊号)

1987年3月创刊,月刊
16开32页,内部刊物
编辑者:共青团天津市委调研室
天津市刊物准印证第204号

原《天津团讯》。设"重要言论""青年问题研究""团干部信箱"等栏目。

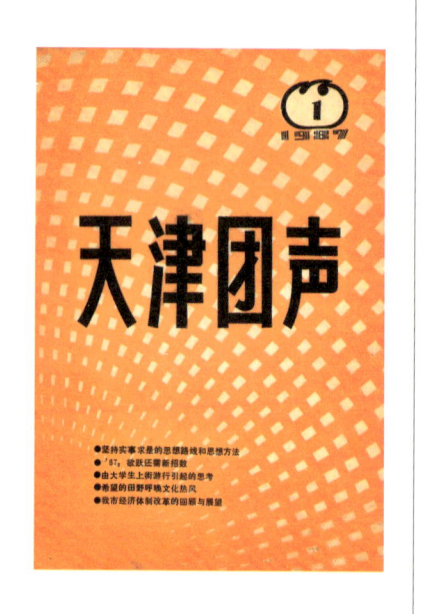

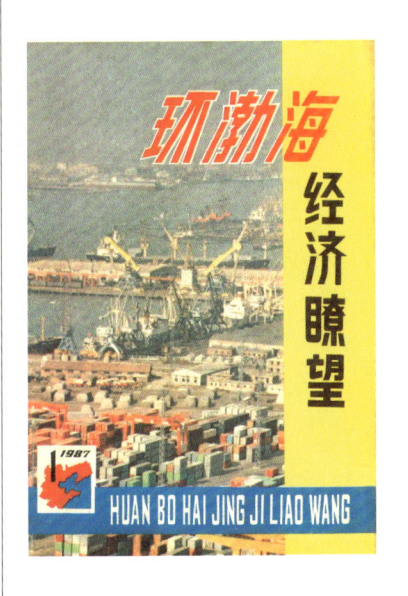

《环渤海经济瞭望》(试刊号)

1987年6月出版,双月刊
16开48页,定价:0.50元
主办者:环渤海地区经济信息协会
　　　　天津市经济信息中心
编辑出版者:《环渤海经济瞭望》编辑部
天津市刊物准印证第10号

　　综合性经济期刊。设"发展战略""走向世界""开发区一瞥"等栏目。

《城市人》(创刊号)

1987年9月创刊,双月刊
16开52页,定价:0.42元
主办者:天津市和平区文联
　　　　天津市和平文化宫
编辑出版者:天津《城市人》编辑部
天津市报刊登记证内209号

　　蒋子龙撰写发刊词。文学期刊。设"津门风采""城市人论坛"等栏目。

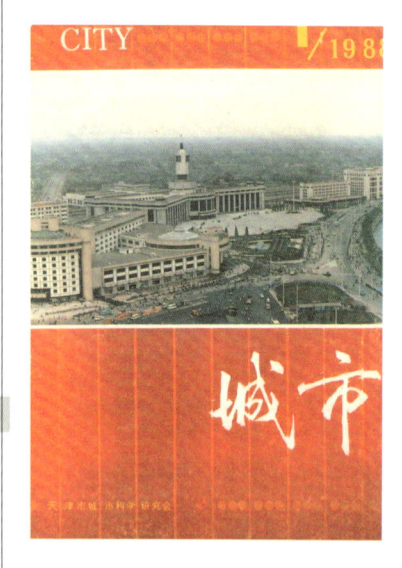

《城市》(创刊号)

1988年创刊,刊期不详
16开48页,内部刊物
主办者:天津市城市科学研究会
天津市报刊登记证:新津出图字88第0052号

  研究城市科学的综合性学术期刊。设"探讨与研究""城市化道路"等栏目。

《艺术家》(创刊号)

1988年1月创刊,双月刊
16开80页,定价:0.90元
主办者:天津市文学艺术界联合会
编辑出版者:《艺术家》编辑部
国内统一刊号:CN12-1035

  冯骥才任主编。广告语"一群常人眼中的疯子、傻子或上帝"。设"艺术家传""小小艺术家""艺术家轶事""艺坛话新""艺海探奇""艺苑谈趣"等栏目。

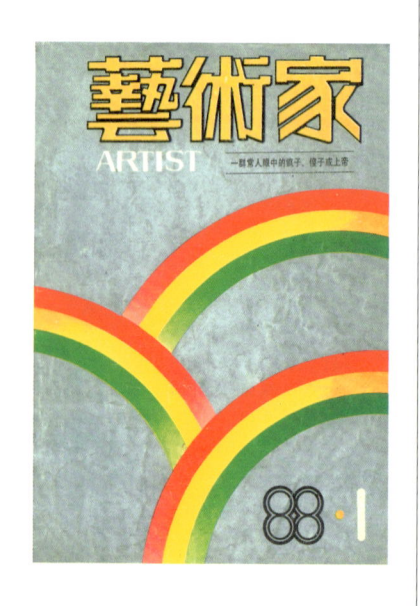

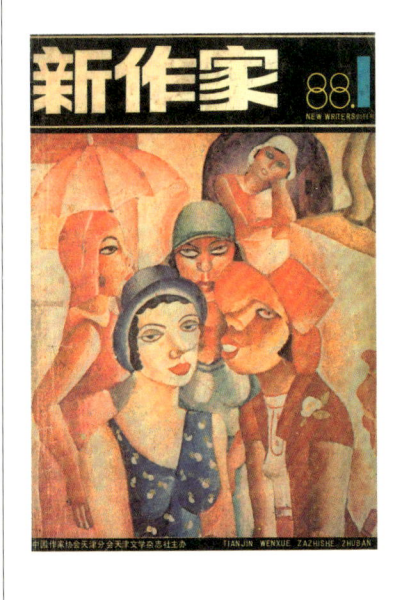

《新作家》(创刊号)

1988年7月创刊,双月刊
16开48页,定价:0.80元
主办者:中国作家协会天津分会天津文学
　　　　杂志社
编辑出版者:《新作家》编辑部
天津刊物准印证第52号

　　马献廷撰写代发刊词。设"新潮篇""沉思录""都市霓影""酸甜苦辣""青春旋律""佳作赏析"等栏目。

《城市史研究》(创刊号)

1988年11月创刊,刊期不详
16开86页,内部刊物
主办者:天津社会科学院历史研究所
　　　　天津市城市科学研究会
编辑者:《城市史研究》编辑部
天津市出版局内部刊物准印证第24号

　　原《天津史研究》。不设栏目。

《北郊文史资料》(第一辑)

1988年11月出版,不定期
32开176页,内部刊物
编辑出版者:中国人民政治协商会议天津市
　　　　　　北郊区委员会文史资料研究
　　　　　　委员会

　　王学颜题写刊名。介绍北郊区重要历史事件和人物、名胜古迹、风俗民情等内容。不设栏目。

《天津市河东区文史资料》(第一辑)

1988年12月出版,刊期不详
32开184页,工本费:1.20元
编辑者:政协天津市河东区第八届委员会
　　　　文史资料征集工作委员会
天津市报刊登记证第193号

　　文史资料丛刊。不设栏目。

《中国漫画》(创刊号)

1989年1月创刊,刊期不详
16开36页,定价:1.50元
主办者：中国美术家协会漫画艺术委员会
　　　　天津人民美术出版社
编辑者:《中国漫画》编辑部
出版者:天津人民美术出版社
国内统一刊号:CN12-1171

　　华君武撰文祝贺。设"漫画新作""画家与作品""四格漫画""奇闻拾趣"等栏目。

《影像技术》(第一辑)

1989年3月出版,刊期不详
16开48页,定价:1.60元
编辑者:《影像技术》编辑部
出版者:全国轻工感光材料科技情报站
　　　　轻工感光材料质量检测中心
天津准印证1171号

　　万飞雄撰写发刊词。设"研究与综述""材料及应用""工艺与技术""照像计量"等栏目。

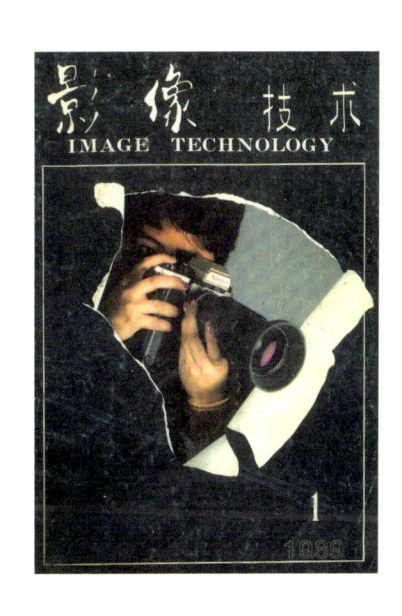

故纸藏珍——期刊创刊号欣赏

《天津画报》(创刊号)

1989年11月创刊,月刊
8开44页,定价:5.80元
编辑出版者:天津画报社
国内统一刊号:CN12-1152

聂碧初撰写代发刊词。沿用1953年郭沫若题写的刊名。不设栏目。

《天津卫》(创刊号)

1989年12月创刊,双月刊
16开48页,定价:1.00元
主办者:天津民俗博物馆
编辑出版者:《天津卫》杂志社
天津市报刊准印证第1078号

石坚、梁斌、冯骥才、张紫晨题写贺词。设"津沽风情""史海钩沉""九河下梢""津味小说"等栏目。

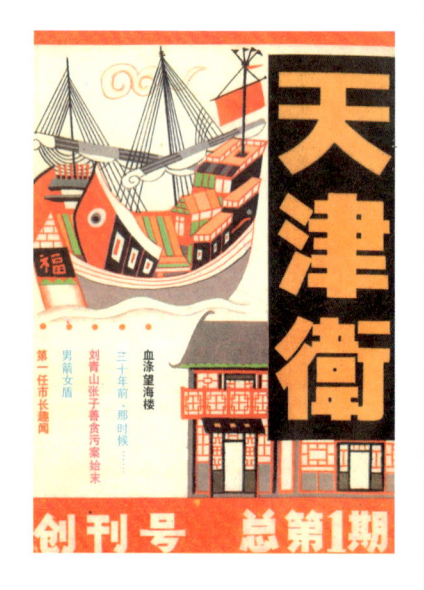

《民族魂》(创刊号)

1990年创刊,刊期不详
16开80页,定价:2.00元
主办者:天津市振华法律书局
编辑出版者:《民族魂》编辑部
天津市津新出刊字第0062号

　　旨在发扬"延安精神"的文学期刊。设"文摘栏""纪实文学""道德法庭""法制文学""评论"等栏目。

《体育古今》(创刊号)

1990年1月创刊,季刊
16开104页,定价:0.80元
主办者:天津市体委
编辑者:天津市体委文史办公室《体育古今》
　　　　编辑部
天津市津新出刊字第0089号

　　荣高棠、谭绍文、李梦华题写贺词,伍绍祖题写刊名,石坚撰写发刊词。设"体坛精英""探讨与争鸣""体育史话""学校体育""小知识"等栏目。

故纸藏珍——期刊创刊号欣赏

《天津烹饪》(创刊号)

1990年10月创刊,季刊
16开48页,定价:2.00元
主办者:天津市烹饪协会
　　　　天津市津菜研究培训中心
编辑者:《天津烹饪》编辑部
津新刊字(90年)第129号临时准印证

　　封面题字范曾,刊内题字王天佑。设"烹协活动""津菜史话""饮食杂谈""九州名食"等栏目。

《和平教育》(创刊号)

1991年创刊,季刊
16开64页,内部刊物
主办者:天津市和平区教育局
　　　　和平区教育学会
编辑者:《和平教育》编辑部
临准印证号:00042号

　　石坚题写刊名。设"教育论坛""德育工作""工作研究""教育科研""教改经验""教育随笔"等栏目。

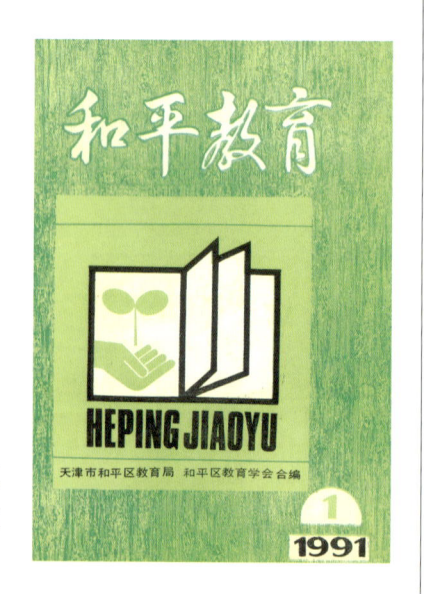

《天津船舶》(创刊号)

1991年9月创刊,刊期不详
16开56页,定价:1.20元
主办者:中国船舶工业总公司
　　　　天津修船技术研究所
编辑出版者:《天津船舶》编辑部
津新出刊字(91)第0125号

　　张辉刚题写刊名。设"经营管理""技术交流""港口建设"等栏目。

《天津中学生》(创刊号)

1992年5月出版,双月刊
16开40页,定价:1.00元
主办者:天津青少年报社
编辑出版者:《天津中学生》编辑部
天津市报刊准印证第1069号

　　刘培基题写刊名。设"德育园""校园文学报""青春偶像""平生第一遭""体味人生""演讲台"等栏目。

《绿苑》(创刊号)

1992年创刊,月刊
16开80页,内部刊物
主办者:天津铁路分局文协
编辑者:《绿苑》编辑部

文学期刊。设"报告文学""小说""散文""诗歌""评论"等栏目。

《中国旅游管理干部学院学报》(创刊号)

1992年1月创刊,刊期不详
16开50页,定价:1.40元
编辑出版者:《中国旅游管理干部学院学报》
　　　　　编辑部
天津市报刊准印证第1090号

刘毅题写刊名。旅游科学与旅游成人教育的综合性学术期刊。设"旅游工作研究""旅游教育研究""旅游管理""旅游文化""交际指南"等栏目。

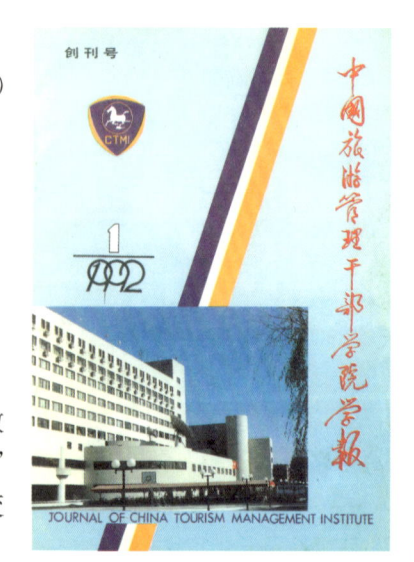

《团结与民主》(改刊号,总第 64 期)

1992 年 7 月出版,刊期不详
16 开 32 页,内部刊物
主办者:政协天津市委员会办公厅
编辑者:《团结与民主》编辑部
天津市报刊准印证第 1071 号

　　原《天津政协》。曹柏昆题写刊名。设"专委会活动""回音壁""委员新事""文艺副刊"等栏目。

《女士》(试刊号)

1993 年 1 月出版,月刊
16 开 32 页,定价:1.10 元
主办者:天津市妇女联合会
编辑者:《女士》编辑部
天津市报刊准印证第 1067 号

　　综合类期刊。设"女士风采""婚恋启示""两性交往""巧手献艺""生活指南"等栏目。

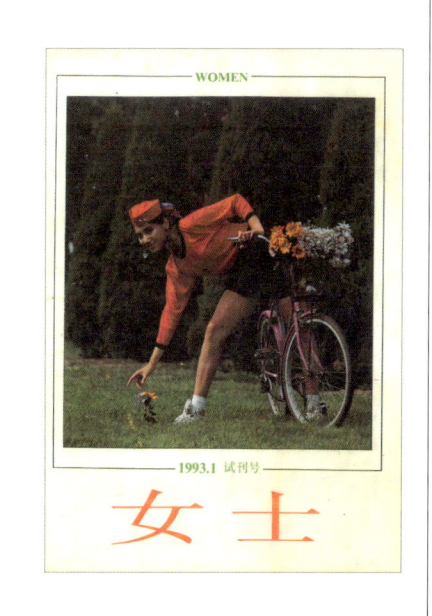

故纸藏珍——期刊创刊号欣赏

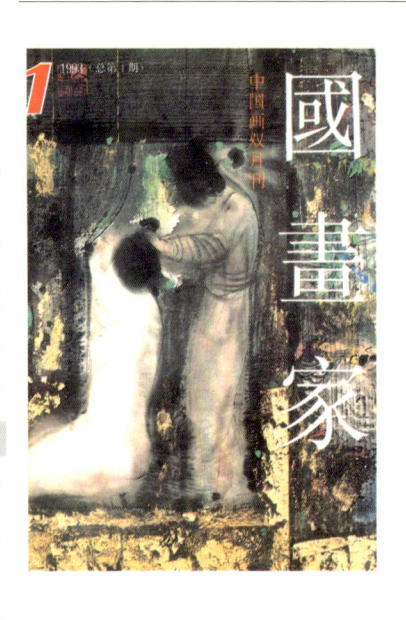

《国画家》(创刊号)

1993年1月创刊,双月刊
16开60页,定价:4.20元
编辑者:《国画家》编辑部
出版者:天津人民美术出版社
国内统一刊号:CN12-1208/J
天津市报刊登记证第7号

　　中国美术家协会中国画艺委会参与编辑。设"画家介绍""国画作品"等栏目。

《天津护理》(创刊号)

1993年3月创刊,季刊
16开48页,定价:1.50元
主办者:天津护理学会
　　　　天津中心妇产科医院
编辑出版者:天津护理编辑委员会
天津市报刊准印证第1170号

　　护理专业学术性期刊。设"研究与讨论""专科护理""教学园地""临终关怀""护理名人传略"等栏目。

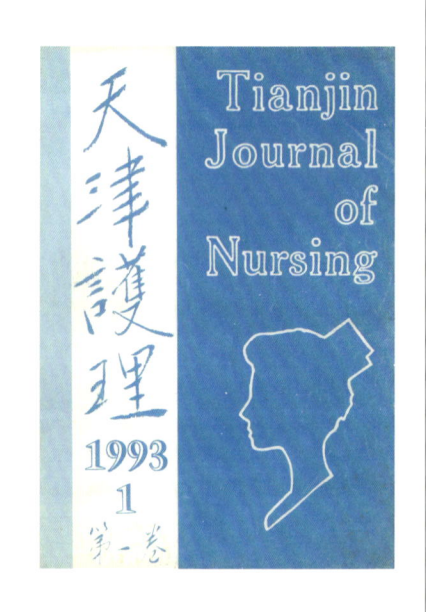

《大众投资指南》(创刊号)

1993年5月创刊,月刊
16开32页,定价:2.00元
编辑者:《大众投资指南》杂志编辑部
出版者:天津人民出版社
国内统一刊号:CN12-1217/F

专为中小投资者出谋划策、提供信息、排忧解难、指点迷津的期刊。设"金融界""股市瞭望""房地产商情""明星企业""投资论坛"等栏目。

《画林》(创刊号)

1993年6月创刊,季刊
16开28页,定价:3.50元
编辑出版者:天津画院《画林》编辑部
天津市报刊准印证第1047号

繁体字出版。不设栏目。

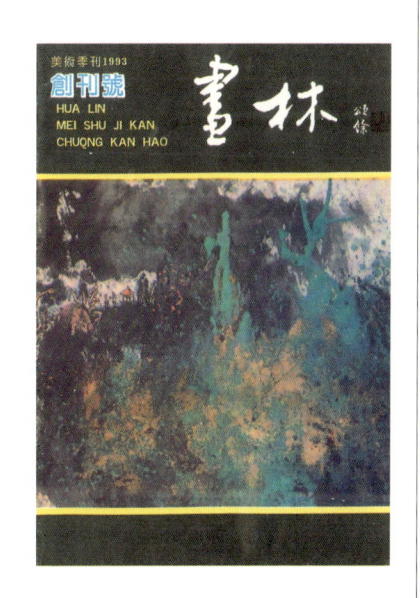

故纸藏珍——期刊创刊号欣赏

《北方美术》(创刊号)

1993年6月创刊,季刊
16开64页,内部刊物
主办者:天津美术学院
编辑出版者:《北方美术》编辑部
天津市报刊准印证第1198号

　　天津美术学院学报。设"教学研究""艺术探讨""创作评介""设计纵横""校园漫话"等栏目。

《天津广播电视史料》(创刊号)

1993年8月创刊,刊期不详
16开52页,定价:2.00元
主办者:天津广播电视局史志编审办公室
编辑者:《天津广播电视史料》编辑部
天津市报刊准印证第052号

　　董树义题写刊名,耿志云撰写代发刊词。为编修天津广播电视史志搜集、储存第一手珍贵资料。设"视听寻踪""科技长廊""郊县话旧""后勤园地""人物春秋"等栏目。

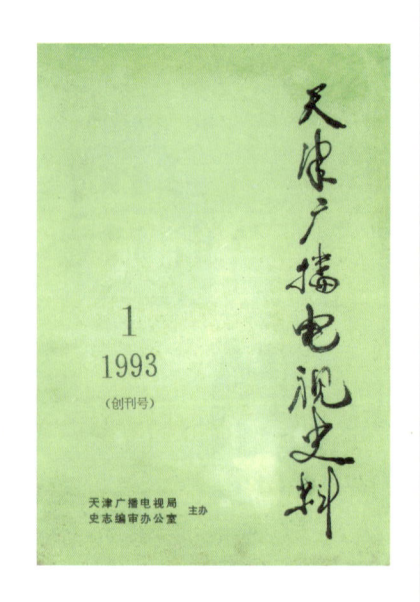

—304—

《酒文化》(创刊号)

1994年创刊,双月刊
16开48页,定价:1.60元
编辑出版者:《酒文化》编辑部
天津市报刊准印证第1061号

综合性文化期刊。设"酒史钩沉""酒的传说""名人与酒""酒令酒牌""酒具大世界""吧台实录""夜光杯""古今酒经"等栏目。

《华人文化世界》(创刊号)

1994年1月创刊,季刊
16开48页,定价:5.00元
编辑者:华人文化世界编辑部
出版者:天津海外联谊会
刊号:CN-12(Q)第101号

季羡林、汪曾祺等题写贺词。设"名人列传""华文汉字""温故知新""喜笑颜开"等栏目。

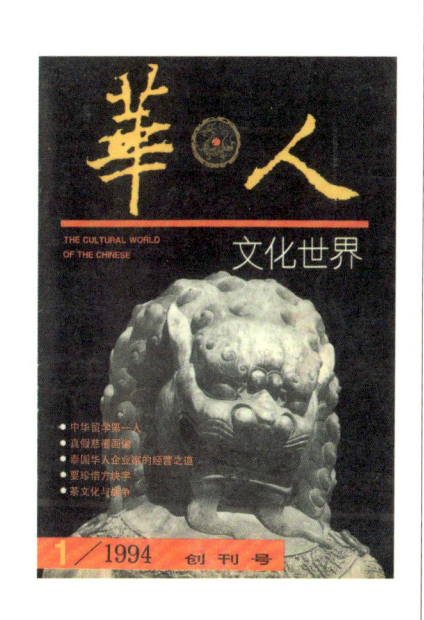

故纸藏珍——期刊创刊号欣赏

《天津音乐研究》(创刊号)

1996年创刊,刊期不详
16开88页,内部刊物
编辑者:天津市音乐家协会《歌迷与明星》
　　　　编辑部
出版准印号:95156

　　王莘、曹火星题写贺词,王全聚题写刊名。设"声乐理论研究""民族音乐探新""音乐美学探索""新作品评论""音乐家随笔""传统音乐研究"等栏目。

《曲艺讲坛》(创刊号)

1996年9月创刊,半年刊
16开116页,成本价:8.00元(内部发行)
主办者:中国北方曲艺学校
编辑者:《曲艺讲坛》编辑部
天津市内部报刊临时准印证第127号

　　反映曲艺研究成果的期刊。设"曲艺教育研究""曲艺艺术论坛""校友园地""曲艺通讯"等栏目。

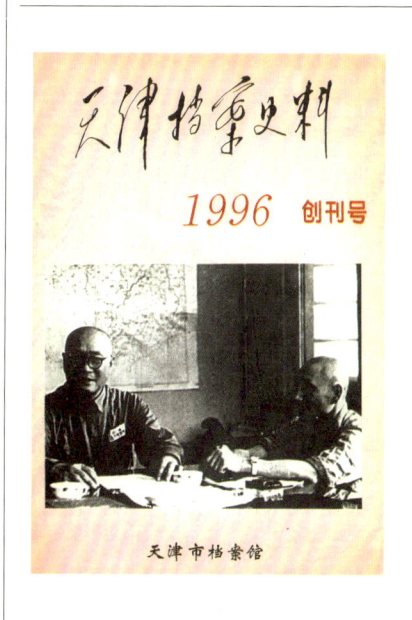

《天津档案史料》(创刊号)

1996年10月创刊,半年刊
16开84页,定价:7.00元
主办者:天津市档案馆
编辑者:《天津档案史料》编辑部
(津)内部报刊临时准印证(96)163号

　　王刚题写刊名,吴宝康、陈振江题写贺词。设"史料研究""档案珍品""津沽史话"等栏目。

《健康人》(创刊号)

1996年12月创刊,双月刊
16开32页,工本费:3.00元
主办者:天津市医药学专家协会
出版者:《健康人》编辑部
天津市报刊准印证第1170号

　　吴咸中撰写发刊词。设"医学展望""名家名医""患者之音""健与美""生与育"等栏目。

《慈善》(创刊号)

1998年5月创刊,双月刊
16开64页,定价:6.80元
编辑出版者:慈善杂志社
国际标准刊号:ISSN1008-0376
国内统一刊号:CN12-1269/GO

　　李瑞环题写贺词。设"慈善行""文海慈航""传统美德""受助之声""人生静思"等栏目。

《汽车生活》(试刊号)

1999年10月出版,月刊
16开56页,定价:5.00元
主办者:天津人民出版社
编辑出版者:《汽车生活》编辑部
书号:ISBN7-201-03420-0/Z·85

　　旨在为驾车族、汽车爱好者、汽车及相关行业人士提供知识性、实用性、趣味性的全方位服务。分"汽车视野""汽车文化""车族生活""汽车服务"四大板块。

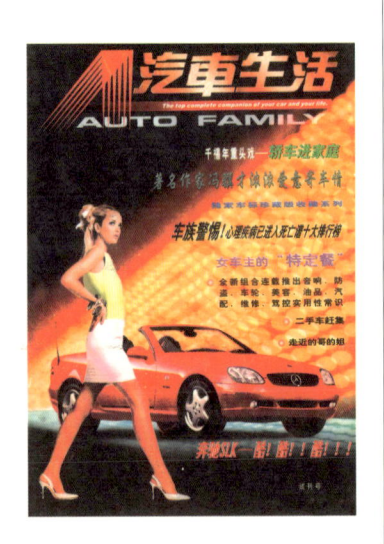

后 记

将自己收藏多年的期刊创刊号整理出版是我魂牵梦萦的夙愿,今年在筹办新刊《艺术启蒙》过程中也想从前辈那里汲取营养和智慧,于是这个梦想终于变为现实。

相比拥有众多历史悠久期刊创刊号的藏友,我充其量算是个入门级的小学生。未参加过任何拍卖会,也未在孔夫子旧书网下过订单,我这些藏品的收集从来没有出过津门。淘宝的乐趣在于享受在旧书摊寻觅的过程,从2003年的三宫、2006年的沈阳道、2010年的古文化街到2018年的海河边,每每发现精品期刊创刊号时的那份惊喜之情至今难忘,更是深刻领悟到"早起的鸟儿有虫吃"的真谛。

期刊创刊号就像婴儿诞生后的第一声啼哭,是办刊人奉献给读者的见面礼,具有鲜明的时代特征。初次见面要说明办刊宗旨、风格定位等身份事项,因此,期刊创刊号的信息含量大、收藏价值高,颇受藏友和学者的青睐。

本书选取的是我国20世纪40年代末至90年代创办的近600种期刊,并按照期刊的内容进行了简单分类,每一种类别再按照出版时间的先后顺序排列。这些期刊以创刊号为主,也有少量的试刊号、复刊号、改刊号、特大号等,还有以书号出版的丛刊,有些是公开发行的期刊,也有内部交流的学习资料。因期刊停办、设计者离退等诸多原因,本人未能获得部分期刊封面使用的授权,在此向入选本书的这些刊社及设计者致歉!

需要跟各位读者说明三点:一是期刊的分类不是很严谨,而且有些期刊具有一定的交叉属性,当前的分类主要是为了方便读者阅读;二是期号均按照当前规范的标注方式,如"总第1期""第一辑",其他内容只要不是原则性错误,尽量遵照期刊原貌;三是所有题写贺词或题写刊名、撰写(代)发刊词的老一辈无产阶级革命家、行业专家、社会名流等都没有标明职务。

因本人才疏学浅、精力有限,书中难免存在不少纰漏,还请各位读者批评指正。

感谢天津市宣传文化"五个一批"人才培养工程的资助!感谢《中国期刊年鉴》杂志社常务副社长、主编段艳文先生拨冗为拙著作序!感谢中国书籍出版社王平社长、邹浩主任和所有为本书出版提供过帮助的人!感谢我的家人一直以来对我工作的支持,特别是要把此书献给我在天堂的父亲!

薛印胜　于水晶城

2018年12月28日

参 考 文 献

[1] 宋应离.中国期刊发展史[M].开封:河南大学出版社,2000.

[2] 中国出版杂志社.百刊风采——全国百种重点社科期刊巡礼[M].北京:人民出版社,2000.

[3] 谢其章.老期刊收藏[M].沈阳:辽宁画报出版社,2001.

[4] 谢其章.创刊号风景[M].北京:北京图书馆出版社,2003.

[5] 孙燕君 等.期刊中国[M].北京:中国社会科学出版社,2003.

[6] 沈泓.故纸堆金——旧书报刊的收藏投资[M].上海:上海科技教育出版社,2004.

[7] 张慧民 李润波.老期刊收藏:民国珍刊百影[M].杭州:浙江大学出版社,2006.

[8] 李建伟.新锐飞扬:期刊策划著名案例[M].北京:中国社会科学出版社,2008.

[9] 郝振省 汤潮.期刊主编访谈[M].北京:中国书籍出版社,2009.

[10] 李勇军.图说民国期刊[M].上海:上海远东出版社,2010.

[11] 简平.上海少年儿童报刊简史[M].上海:少年儿童出版社,2010.

[12] 彭卫国.老杂志创刊号赏真[M].石家庄:河北教育出版社,2010.

[13] 周利成.天津老画报[M].天津:天津古籍出版社,2011.

[14] 中共一大会址纪念馆.馆藏报刊创刊号精粹[M].上海:上海文化出版社,2014.

[15] 李勇军.新中国期刊创刊号(1949-1959)[M].上海:上海远东出版社,2014.

[16] 李勇军.创刊号经眼录(1949-1959)[M].郑州:大象出版社,2017.